JN274732

問題で理解する 会計基準

ベーシック・マスター

基礎基準編

会計基準研究会 監修／田代樹彦 編著

渡辺竜介・中山重穂・石井康彦 著

解いてナットク スッキリ！

税務経理協会

序　文

　本書は，3巻から構成されている『会計基準ベーシック・マスター』シリーズのうちの1冊，「基礎基準編」です。他には，「応用基準編」と「連結基準編」を刊行します。

　本シリーズは，公認会計士試験，税理士試験，日本商工会議所主催簿記検定試験1級および全国経理教育協会主催簿記能力検定試験上級などで出題される可能性の高い主要会計基準の重要論点のうち，その会計基準を理解するために欠かせない基本的論点を取り上げています。つまり，逆に言えば，本書を通じて，会計基準の基本をマスターしてもらいたいという目的のもとに，編集されています。それゆえ，本書の書名は『会計基準ベーシック・マスター』となっています。

　その目的を達成するために，本シリーズには，さまざまな工夫がなされ，それが，次のような本書の特徴となっています。

〔**特徴1**〕　問1として，**会計基準の重要規定の穴埋め問題を配置しています**。それは，会計基準の内容を理解するためには，解説したテキスト等を読むだけでは不十分であると考えているからです。直接，規定に触れることで，その規定のどの表現から解釈されて，テキスト等で説明されているような解釈が出てくるのかを理解してほしいのです。

　穴埋め問題ですから，暗記力を問うているので，よく言われている「暗記ではなく理解だ」という考え方とは矛盾していると思われるかもしれません。しかし，この考え方を，「暗記してはいけない」と理解しているとすれば，それは間違いです。本当の意味は，「暗記レベルで終わってはいけない」ということであって，どの分野の学習もそうですが，最初は単語やその意味の暗記から始まりますから，『暗記』自体は悪者ではありません。むしろ，**専門用語は正確に覚えていないと，かえって理解の妨げになります**。

1

〔特徴2〕 問2以下に，その規定に関連して理解しておかなければならない会計学上の論点を取り上げ，その意味を問うています。ここで，暗記レベルから，理解レベルへと進んでいくことになります。ポイントを簡潔明瞭に記述した解答例を示していますが，「解答」ではなく，「解答例」としているところに，理解レベルに進むための意味が込められています。つまり，ここで，「解答例」を暗記しようとするのであれば，それは間違った勉強法です。正解は1つではなく，さまざまありうるのです。ある学習分野について理解しているか否かは，その分野の専門用語をどれほど正確に使うことができるかによって判断されると言っても過言ではありません。それは，曖昧さのない文章を自分で正確に作成できるかどうかにかかっているのです。

〔特徴3〕 問題文の裏ページに解答例・解説を配置しています。解答例・解説を読むと，自分もそのように考えていたような錯覚に陥ります。つまり，「自分は理解できている」と思い込んでしまうということです。最初読んだときに，正しく解答できないのは仕方がありません。そのときは，解答例や解説を読んで，その内容を理解するようにしてください。しかし，同じ問題に再度取り組んだとき，はじめから解答例や解説に目がいけば，それは，自分自身をごまかしていることになります。自分自身が本当に理解しているかどうかは，自分で書いてみないと判然としません。**解答例や解説を読む前に，必ず自分自身で実際に書くようにしてください**。そのため，自分で実際に解答を作成する前に，解答例や解説を見てしまうことのないように配慮しました。

本書は以上のような特徴をもっていますが，会計基準に造詣が深く，しかも，現在学会で活躍されている研究者を糾合した結果，それが可能になりました。本書を通じて，できるだけ多くの方々が会計基準の基本論点をマスターし，より高い段階の資格試験に合格されるよう，執筆者一同，願っています。

　　　　　　　　　　　　　　　　　　　序　　文

　なお，本書を上梓するに当たっては，税務経理協会　新堀博子氏に大変お世話になりましたので，ここに記して謝意を表明いたします。

2012年3月

　　　　　　　　　　　　　　　　　　　　　　　　会計基準研究会

はじめに

　公認会計士試験，税理士試験，日本商工会議所主催簿記検定試験1級および全国経理教育協会主催簿記能力検定試験上級等に合格するには，会計理論だけでなく，多くの会計ルール（以下，会計基準といいます。）を理解する必要があります。企業会計審議会による『企業会計原則』をはじめとする各種の意見書，企業会計基準委員会による企業会計基準，同適用指針等，日本公認会計士協会が公表する実務指針など，非常に多くの会計基準が公表されています。

　本書，『会計基準ベーシック・マスター　基礎基準編』では，これらのうち，各種資格試験等で出題される可能性の高い主要な会計基準のうち，基本的な論点に関連する会計基準を中心に取り上げています。その一覧は，目次のあとにあります。

　ただし，会計基準を理解するためには，会計基準そのものだけを読んでも不十分です。その基礎にある考え方についても理解することが必要です。そこで，本書では，執筆時点ではまだ確定したものではありませんが，基礎概念についてまとめている『財務会計の概念フレームワーク』（以下，概念フレームワークといいます。）も取り上げています。企業会計基準委員会から公表されている会計基準の結論の根拠においては，この概念フレームワークに言及しているものも少なくないからです。

　また，『企業会計原則』については，たとえば，有価証券などのように，その規定の一部はすでに企業会計基準によって修正されていますので，当然，現在有効な部分についてのみ取り上げています。さらに，会計基準の中には他の会計基準に大きく関連するものもありますので，そのような会計基準は本書で直接取り上げていないものの，適宜言及しています。

　本書において基本的な会計基準を理解され，さらに「応用基準編」，「連結基準編」へとステップアップし，できるだけ多くの方々が目標とする各種の資格試験に合格されるよう，執筆者一同，願っています。

なお，本書を上梓するに当たっては，税務経理協会および同新堀博子氏に大変お世話になりました。ここに記して謝意を表明いたします。

2012年3月

田　代　樹　彦

目　次

序　文
はじめに

❶ 概念フレームワーク

1　ディスクロージャー制度の存在意義と財務報告の目的……… 3
2　ディスクロージャー制度における各当事者の役割 ………… 5
3　会計情報の副次的利用 ………………………………………… 7
4　会計情報の基本的な特性：意思決定有用性，特性間の
　　関係 …………………………………………………………… 9
5　意思決定有用性を支える特性：意思決定との関連性 ……… 11
6　意思決定有用性を支える特性：信頼性 ……………………… 13
7　一般的制約となる特性：内的整合性 ………………………… 15
8　一般的制約となる特性：比較可能性 ………………………… 17
9　財務諸表の構成要素(1)：資産・負債・純資産・株主資本 … 19
10　財務諸表の構成要素(2)：包括利益・純利益 ……………… 21
11　財務諸表の構成要素(3)：収益・費用 ……………………… 23
12　財務諸表における認識・測定の意義 ……………………… 25
13　資産・負債の測定値 ………………………………………… 27
14　資産の測定(1)：取得原価 …………………………………… 29
15　資産の測定(2)：市場価格 …………………………………… 31
16　資産の測定(3)：割引価値(1) ……………………………… 33
17　資産の測定(4)：割引価値(2) ……………………………… 35

18	資産の測定⑸：入金予定額・被投資企業の純資産額に基づく額	37
19	負債の測定⑴：支払予定額・現金受入額	39
20	負債の測定⑵：割引価値	41
21	収益の認識：リスクからの解放	43
22	収益の測定⑴	45
23	収益の測定⑵	47
24	費用の測定	49

❷ 企業会計原則

1	真実性の原則	53
2	正規の簿記の原則	55
3	資本取引・損益取引区別の原則	57
4	明瞭性の原則	59
5	継続性の原則	61
6	保守主義の原則	63
7	単一性の原則	65
8	損益計算書の本質	67
9	費用・収益の認識	69
10	営業利益	71
11	経常利益	73
12	純利益	75
13	貸借対照表の本質	77
14	資産評価	79
15	流動資産	81
16	固定資産	83

目　次

17	固定資産の減価償却 ……………………………………	85
18	繰延資産 …………………………………………………	87
19	流動負債 …………………………………………………	89
20	引当金 ……………………………………………………	91
21	固定負債 …………………………………………………	93
22	計算問題：減価償却 ……………………………………	95
23	計算問題：収益の認識 …………………………………	97

❸ 棚卸資産会計基準

1	棚卸資産の意義 …………………………………………	101
2	棚卸資産の評価方法(1) …………………………………	103
3	棚卸資産の評価方法(2) …………………………………	105
4	通常の販売目的で保有する棚卸資産の評価基準(1) ……	107
5	通常の販売目的で保有する棚卸資産の評価基準(2) ……	109
6	通常の販売目的で保有する棚卸資産の評価基準(3) ……	111
7	通常の販売目的で保有する棚卸資産の会計処理 ………	113
8	トレーディング目的で保有する棚卸資産の評価基準 …	115
9	評価損の損益計算書における表示と注記 ………………	117
10	計算問題：評価損の算定と損益計算書における表示 …	119
11	計算問題：売価還元法による棚卸資産の評価 …………	121

❹ 金融商品会計基準

1	金融資産・金融負債の範囲 ……………………………	125
2	金銭債権の貸借対照表評価額 …………………………	127

3

3	貸倒見積高の算定方法	129
4	有価証券の貸借対照表評価額(1)	131
5	有価証券の貸借対照表評価額(2)	133
6	金銭債務の貸借対照表評価額	135
7	計算問題：貸倒見積高	137
8	計算問題：有価証券利息	139
9	計算問題：有価証券の貸借対照表評価額	141

5 繰延資産実務対応報告

1	株式交付費	145
2	社債発行費等	147
3	創立費及び開業費	149
4	開発費	151
5	支出の効果が期待されなくなった繰延資産と会計処理方法の継続性	153
6	計算問題：繰延資産の償却	155

6 研究開発費等会計基準

1	研究開発費の意義と原価要素	159
2	研究開発費の会計処理と注記	161
3	ソフトウェア制作における研究開発費とソフトウェア制作費	163
4	ソフトウェア制作費の目的別会計処理	165
5	販売目的のソフトウェアの会計処理	167

目　　次

　6　自社利用のソフトウェアの会計処理 …………………………… 169
　7　資産計上したソフトウェアの減価償却 ………………………… 171
　8　計算問題：資産計上したソフトウェアの償却 ………………… 173

❼ 自己株式等会計基準

　1　自己株式の取得と保有 …………………………………………… 177
　2　自己株式の処分・消却 …………………………………………… 179
　3　連結財務諸表における子会社・関連会社が保有する
　　　親会社株式等の取扱い ………………………………………… 181
　4　資本金及び準備金の減少の会計処理 …………………………… 183
　5　計算問題：自己株式の取得・処分・消却 ……………………… 185
　6　計算問題：自己株式の処分と新株の発行を同時に
　　　行った場合 ……………………………………………………… 187

❽ 役員賞与会計基準

　1　役員賞与 …………………………………………………………… 191
　2　役員賞与に関する処理 …………………………………………… 193

❾ 税効果会計基準

　1　税効果会計の意義 ………………………………………………… 197
　2　資産負債法と一時差異 …………………………………………… 199
　3　将来減算一時差異 ………………………………………………… 201

4	将来加算一時差異	203
5	税率と税率変更	205
6	繰延税金資産・繰延税金負債の表示	207
7	税効果にかかわる注記	209
8	計算問題	211

⑩ 純資産会計基準

1	純資産の部の区分	215
2	株主資本の表示	217
3	評価・換算差額等／その他包括利益累計額の意義	219
4	新株予約権	221

⑪ 株主資本等変動計算書会計基準

| 1 | 株主資本等変動計算書の意義 | 225 |
| 2 | 計算問題 | 227 |

⑫ 1株当たり当期純利益会計基準

1	開示目的と算定方法	233
2	普通株式に係る当期純利益と期中平均株式数	235
3	希薄化効果と潜在株式調整後1株当たり当期純利益	237
4	ワラント債の扱い	239
5	株式合併・株式分割に伴う表示	241

目　次

6　会計方針の変更・過去の誤謬の修正 …………………………………… 243
7　計算問題 ……………………………………………………………………… 245

<基礎基準編で取り上げる会計基準等と略称>

<企業会計審議会>

『企業会計原則』

『企業会計原則注解』

「研究開発費等に係る会計基準」：研究開発費等会計基準

（第23号『「研究開発費等に係る会計基準」の一部改正』 平成20年12月26日を含む）

「税効果会計に係る会計基準」：税効果会計基準

「税効果会計に係る会計基準注解」：税効果会計基準注解

<JICPA>

「研究開発費及びソフトウェアの会計処理に関する実務指針」：研究開発費等実務指針

「金融商品会計に関する実務指針」

「個別財務諸表における税効果会計に関する実務指針」：税効果会計実務指針

<ASBJ>

「討議資料　財務会計の概念フレームワーク」：概念フレームワーク

○会計基準

1号「自己株式及び準備金の額の減少等に関する会計基準」：自己株式等会計基準

2号「1株当たり当期純利益に関する会計基準」：1株当たり当期純利益会計基準

4号「役員賞与に関する会計基準」：役員賞与会計基準

5号「貸借対照表の純資産の部の表示に関する会計基準」：純資産会計基準

6号「株主資本等変動計算書に関する会計基準」：株主資本等変動計算書会計

基準
9号「棚卸資産の評価に関する会計基準」：棚卸資産会計基準
10号「金融商品に関する会計基準」：金融商品会計基準

〇適用指針
2号「自己株式及び準備金の額の減少等に関する会計基準の適用指針」：自己株式等会計基準適用指針
4号「1株当たり当期純利益に関する会計基準の適用指針」：1株当たり当期純利益会計基準適用指針
8号「貸借対照表の純資産の部の表示に関する会計基準等の適用指針」：純資産会計基準適用指針
9号「株主資本等変動計算書に関する会計基準の適用指針」：株主資本等変動計算書会計基準適用指針
10号「金融商品に関する会計基準」：金融商品会計基準適用指針
19号「金融商品の時価等の開示に関する適用指針」：金融商品時価開示適用指針

〇実務対応報告
19号「繰延資産の会計処理に関する当面の取扱い」：繰延資産実務対応報告

❶ 概念フレームワーク

概念フレームワーク 1 ディスクロージャー制度の存在意義と財務報告の目的

次の文章を読んで，下記の設問に答えなさい。

ディスクロージャー制度の存在意義は，(ア)投資家と経営者の間の情報の非対称性を緩和し，(イ)それが生み出す市場の機能障害を解決するために経営者による私的情報の開示を促進することにある。

投資家が投資意思決定を行う際に必要とする情報は，不確実な将来 (a) を予測するために，企業が資金をどのように投資し，実際にどれだけの成果をあげているかについての情報である。したがって，投資の (b) とその成果を測定して開示することが財務報告の目的である。

なお，投資の成果を示す (c) 情報は基本的に過去の成果を表すが，企業価値評価の基礎となる将来 (a) の予測に広く用いられている。このように利益の情報を利用することは，同時に，利益を生み出す投資の (d) の情報を利用することも含意している。

問1 本文中の ☐ の中に適当な用語を入れなさい。
問2 下線部(ア)の投資家と経営者の間の情報の非対称性について説明しなさい。
問3 下線部(イ)の情報の非対称性が生み出す市場の機能障害について説明しなさい。

ヒント ••

情報の非対称性とは，市場における各取引主体が保有する情報に差がある状態をいう。情報の非対称性は，円滑な市場取引を阻害する要因となる。

解答例

問1　(a)キャッシュフロー　(b)ポジション　(c)利益　(d)ストック

問2　情報の非対称性とは，市場における各取引主体が保有する情報に差がある状態をいう。証券を発行している企業の現状に関して，一般的に，経営者は情報を相対的に豊富に保有しているのに対し，投資家はわずかな情報しか保有していない。

問3　経営者と投資家の間に情報格差があり，投資家が情報劣位にあると，投資家は証券投資意思決定の際に，その証券の価値を自己責任を負って推定することができなくなる。そのため，それらの証券の円滑な発行・流通が妨げられ，証券の発行市場及び流通市場が機能しなくなってしまう。

解説

概念フレームワーク１章１項－３項，13項－15項参照。

企業の現状に関する情報について，一般に，その入手機会により投資家と経営者の間の大きな格差に起因し，情報を豊富に保有する経営者が情報優位な状況にあり，投資家は情報劣位にある。このような状態を情報の非対称性という。

市場における取引主体の間に情報の非対称性が存在すると，円滑な市場取引が妨げられることになる。すなわち，証券市場においては，企業の発行する株式や社債などの価値を推定する際に投資家が自己責任を負うことはできないため，それらの証券の円滑な発行・流通が妨げられ，証券の発行市場及び流通市場が機能しなくなってしまう。このような証券市場の機能障害を取り除くために，経営者による私的情報の開示を促進することにディスクロージャー制度の存在意義がある。

概念フレームワーク 2　ディスクロージャー制度における各当事者の役割

次の文章を読んで，下記の設問に答えなさい。

ディスクロージャー制度の主たる当事者としては，投資家，経営者，監査人の3者を想定できる。投資家とは，証券市場で取引される株式や社債などに投資する者をいい，現在証券を保有する者だけでなく，将来保有する可能性のある者を含んでいる。経営者には，投資家がその役割を果たすのに必要な情報を開示することが期待されている。予測は投資家の　(a)　で行われるべきであり，経営者が負うべき責任は基本的には　(b)　である。

監査人は，投資家の必要とする会計情報を一般に　(c)　と認められた会計基準に準拠して作成しているか否かを，一般に　(c)　と認められた監査基準に従って監査することを，その役割としている。(ア)監査人には経営者が作成した情報を監査する責任が課されているのであり，財務情報の作成責任はあくまでも経営者が負う。

なお，(イ)ディスクロージャー制度の当事者はそれぞれ，会計基準が遵守されることで便益を享受する。

問1　本文中の　　　の中に適当な用語を入れなさい。
問2　下線部(ア)のように監査人と経営者の責任の相違を一般に何と呼ぶか。
問3　下線部(イ)の各当事者が会計基準の遵守から受ける便益を説明しなさい。

ヒント

問3　コストの削減も便益であることに注意すること。

解答例

問1 (a)自己責任 (b)事実の開示 (c)公正妥当

問2 二重責任の原則

問3 　会計基準に従って作成され，独立した監査人の監査を受けた情報は，一般に投資家の信頼を得られやすい。そのため，投資家にとっては，信頼性の高い情報を低いコストで入手できるという便益を享受できる。

　その結果，投資家の要求する資本のコストが下がり，企業価値が高まれば，経営者も便益を享受することとなるし，投資家の情報要求を個別に確かめるためのコストを削減できるという便益も享受する。

　さらに会計基準は，監査上の判断の基礎を提供する機能を果たし，監査人にも便益を与える。

解説

問2 　二重責任の原則とは，経営者と監査人の責任を区別するものであり，経営者の責任は財務諸表の作成にあり，監査人の責任は独立の立場から財務諸表に対する意見を表明することにあるということを意味している。

問3 　概念フレームワーク1章10項参照。

概念フレームワーク 3 会計情報の副次的利用

次の文章を読んで，下記の設問に答えなさい。

ディスクロージャー制度において開示される会計情報は，企業関係者の間の私的契約等を通じた (a) や，(ア)不特定多数を対象とするいくつかの関連諸法規や政府等の規制においても副次的に利用されている。

会計基準の設定にあたり最も重視されるべきことは， (b) の達成であるが，このような会計情報の副次的な利用の事実が，(イ)会計基準を設定・改廃する際の制約となることがある。すなわち会計基準の設定・改廃を進める際には，それが公的規制や私的契約等を通じた (a) に及ぼす影響も，同時に考慮の対象となる。そうした副次的な利用との関係も検討しながら， (b) の達成が図られる。

問1 本文中の☐☐の中に適当な用語を入れなさい。
問2 下線部(ア)の規制の例をあげなさい。
問3 下線部(イ)の会計基準の設定・改廃の際には，投資家の会計情報分析能力については，どのようなレベルを想定すればよいか。その理由とともに説明しなさい。

ヒント

問3 今日の証券市場は効率的であるという前提をおいている。すなわち，証券市場における株価は，あらゆる情報が織り込まれた上で形成されていると考えられている。

――――――――――< 解答例 >――――――――――

問1　(a)利害調整　(b)財務報告の目的

問2　会社法における配当制限，税法における税務申告制度，自己資本比率規制やソルベンシー・マージン規制などの金融規制

問3　今日のディスクロージャー制度では市場の効率性を前提としているため，会計基準の設定・改廃に際しては，会計情報について一定以上の分析能力を持った投資家を想定すればよい。なぜならば，証券市場には情報仲介者が存在し，それらを利用することができるとともに，情報仲介者間で競争が行われていれば，十分な情報分析能力を持たない投資家にも会計情報が効率的に伝播すると考えられるからである。

――――――――――< 解　説 >――――――――――

問3　概念フレームワーク1章7項，17項参照。

　　投資家の中には会計情報の分析能力に優れた者のほか，自らは十分な分析能力を持たず専門家の助けを必要とする者も含まれている。しかし，今日の証券市場では，さまざまな情報仲介者が情報の分析を行っているので，十分な分析能力を持たない投資家もこれらの仲介者を利用することによってコストを節約しながら証券投資を行うことが可能である。そして情報仲介者間でも市場競争が行われていれば，そのような投資家にも会計情報は効率的に伝播すると考えられる。それゆえ，証券市場が効率的であれば，情報処理能力の差は投資家の間に不公正をもたらさないので，会計基準の設定にあたっては，原則として，一定以上の分析能力を持った投資家を想定すればよい。

概念フレームワーク 4 会計情報の基本的な特性：意思決定有用性，特性間の関係

次の文章を読んで，下記の設問に答えなさい。

財務報告の目的を達成するにあたり，会計情報に求められる最も基本的な特性は，(ア)意思決定有用性である。

意思決定有用性は， (a) と (b) の2つの下位の特性により支えられている。さらに， (c) と (d) がそれら3者の階層を基礎から支えると同時に，必要条件ないし閾限界として機能する。

また， (a) と (b) は同時に満たすことが可能な場合もあれば，(イ)両者の間にトレードオフが生じることもある。それゆえ，両特性間にトレードオフの関係がみられる場合は，双方の特性を考慮に入れたうえで，新たな基準のもとで期待される会計情報の有用性を総合的に判断することになる。

問1 本文中の □ の中に適当な用語を入れなさい。

問2 下線部(ア)の意思決定有用性において想定されている投資家の意思決定の内容を簡潔に述べなさい。

問3 下線部(イ)のように (a) と (b) の間にトレードオフが生じるような状況を例示しなさい。

ヒント

問2 財務報告の目的で述べられているように，投資家は投資意思決定の際に企業の成果の予測と企業価値の評価を行うが，その際，その成果とは何か。

解答例

問1 (a)意思決定との関連性 (b)信頼性 (c)内的整合性 (d)比較可能性
((a)と(b),(c)と(d)は順不同)

問2 企業の不確実な将来キャッシュフローを予測すること。

問3 測定に主観が入る見積り情報の場合には,意思決定との関連性と信頼性との間にトレードオフが生じる可能性がある。

解説

問2 概念フレームワーク2章・序文,1節参照。

概念フレームワークで示されている財務報告の目的は,投資家による企業成果の予測と企業価値の評価に役立つような企業の財務状況の開示にあるとされている。すなわち,この目的では,投資家の意思決定が,企業成果を予測し,それによって企業価値を評価するものであると考えているとみなすことができる。したがって,財務報告では,このような意思決定のために,不確実な将来キャッシュフローの予測に役立つ情報を投資家に提供する。

しかし,会計情報に求められる最も基本的な特性である意思決定有用性は,それだけでは具体性や操作性に欠け,将来の基準設定の指針として充分ではないため,それを支える下位の諸特性を具体化し,それらの関係も明らかにしている。

問3 概念フレームワーク2章8節参照。

解答例に示したような場合,その測定が意思決定との関連性を有していても,経営者の主観が入れば入るほど,その測定値の信頼性が低くなるという関係が見出せる。このように,ある種の情報が一方の特性を高める反面,他方の特性を損なうケースもありうる。

概念フレームワーク 5　意思決定有用性を支える特性：意思決定との関連性

次の文章を読んで，下記の設問に答えなさい。

意思決定との関連性とは，会計情報が将来の　(a)　についての予測に関連する内容を含んでおり，　(b)　の推定を通じた投資家による意思決定に積極的な影響を与えて貢献することを指す。

(ア)会計情報が投資家の意思決定に貢献するか否かは，第一に，それが情報価値を有しているか否かと関わっている。ただし，会計基準の設定局面において，新たな基準に基づく会計情報の情報価値は不確かな場合も多い。そのような場合，投資家による　(c)　の存在が情報価値を期待させる。そのような期待に基づいて，情報価値の存否について事前に確たることがいえない場合であっても，投資家からの要求に応えるために会計基準の設定・改廃が行われることもある。この意味で，情報価値の存在と　(c)　の充足は，意思決定との関連性を支える2つの特性と位置づけられる。

(イ)もっとも，情報開示のニーズがある会計情報のすべてが投資家の意思決定と関連しているとは限らない。

問1　本文中の　　　　の中に適当な用語を入れなさい。
問2　下線部(ア)にいう情報価値について説明しなさい。
問3　下線部(イ)のような状況になる理由を説明しなさい。

ヒント

問2　会計情報が開示される理由を想定すればよい。
問3　投資家の意思決定に用いられる情報はどこから提供されるのか。

―――――――――――――――――――〈 解答例 〉―――――――――――――――――――

問1　(a)投資の成果　(b)企業価値　(c)情報ニーズ
問2　情報価値とは，投資家の予測や行動が当該情報の入手によって改善されることを意味している。
問3　投資家の意思決定に関連する情報はディスクロージャー制度以外の情報源からも投資家に提供されているから。

―――――――――――――――――――〈 解　説 〉―――――――――――――――――――

問2　概念フレームワーク2章4項参照。
問3　概念フレームワーク2章5項参照。
　　　投資家の意思決定に関連する情報はディスクロージャー制度以外の情報源からも投資家に提供されているため，投資家の情報ニーズのすべてにディスクロージャー制度で応えるべきか否かは，慎重な検討を要する問題である。これらの点で，情報ニーズの充足が基準設定で果たす役割には一定の限界がある。

概念フレームワーク 6　意思決定有用性を支える特性：信頼性

次の文章を読んで，下記の設問に答えなさい。

会計情報の有用性は，信頼性にも支えられている。信頼性とは， (a) 性・ (b) 性・ (c) などに支えられ，会計情報が信頼に足る情報であることを指す。

(ア) (a) 的な財務報告とは，一部の関係者の利害だけを偏重することのない財務報告を意味している。

(イ) (b) な財務報告とは，測定者の主観に左右されない事実に基づく財務報告を意味している。

(ウ) (c) とは，事実と会計上の分類項目との明確な対応関係を意味している。

問1　本文中の□□□の中に適当な用語を入れなさい。
問2　下線部(ア)の (a) 的な財務報告が信頼性をどのように支えているのかを説明しなさい。
問3　下線部(イ)の (b) な財務報告が信頼性をどのように支えているのかを説明しなさい。
問4　下線部(ウ)のような (c) が信頼性をどのように支えているのかを説明しなさい。

ヒント

問2〜問4　各特性がなければ，なぜ会計情報が信頼できないのかについて述べること。

解答例

問1 (a)中立　(b)検証可能　(c)表現の忠実性

問2 会計情報の作成者たる経営者の利害と投資家の利害とは必ずしも一致していないので，経営者の自己申告による情報を投資家が全面的に信頼するのは難しい。それゆえ，利害の不一致に起因する弊害を小さく抑えるためには，一部の関係者の利害だけを偏重することのない中立的な財務報告が求められる。

問3 利益の測定では将来事象の見積りが不可欠であるが，見積りによる測定値は，誰が見積るのかによっても，大きなばらつきが生じることがある。このような見積りに基づく情報を投資家が完全に信頼するのは難しい。そのような事態を避けるには，測定者の主観には左右されない事実に基づく検証可能な財務報告が求められる。

問4 会計情報とは，企業が直面した多様な事実を少数の会計上の項目へ分類して表現するものである。しかし，その分類規準に解釈の余地が残されている場合は，分類結果を信頼できない事態も起こり得る。このような事態を避けるため，事実と会計上の分類項目との明確な対応関係がある表現の忠実性が求められる。

解説

問2〜問4 概念フレームワーク2章7項，及び注(2)参照。

なお，信頼性は意思決定との関連性から完全に独立しているわけではなく，たとえば多様な事実を会計データにどう置き換えるのかという問題は，会計情報の情報価値を左右する問題でもある。

概念フレームワーク 7　一般的制約となる特性：内的整合性

次の文章を読んで，下記の設問に答えなさい。

会計情報が利用者の意思決定にとって有用であるためには，会計情報を生み出す会計基準が(ア)内的整合性を満たしていなければならない。会計基準は少数の　(a)　に支えられた1つの体系をなしており，　(b)　がその体系の目標仮説となっている。したがって，個別の会計基準は内的整合性を有していなければならず，内的に整合している個別基準に従って作成される会計情報は　(c)　であると推定される。

新たな経済事象や新たな形態の取引に関する個別の会計基準についても，それによる会計情報が意思決定との関連性と信頼性という特性を満たしているか否かを事前に判断しなければならないが，結論を下せるほどに十分な類推可能な経験的証拠を得られていないこともある。その場合，(イ)その会計情報を生み出す個別基準が既存の会計基準の体系と整合的であるか否かの判断を通じて，意思決定との関連性や信頼性が満たされているかが判断される。

問1　本文中の　　　の中に適当な用語を入れなさい。
問2　下線部(ア)の内的整合性とはどのような状態か。簡単に説明しなさい。
問3　下線部(イ)にいう意思決定との関連性や信頼性についての内的整合性による推定の限界について述べなさい。

ヒント

問3　意思決定との関連性や信頼性と内的整合性はどのような関係にあるのか。

---解答例---

問1　(a)基礎概念　(b)意思決定有用性　(c)有用

問2　内的整合性とは，ある個別の会計基準が，会計基準全体を支える基本的な考え方と矛盾しないことを意味している。

問3　内的整合性による意思決定との関連性や信頼性の推定が有効に機能するのは，既存の会計基準の体系が有用な会計情報を生み出していると合意されている場合である。したがって，環境条件や会計理論のパラダイムが変化したことにより，そのような合意が成立していないと判断される場合には，既存の体系との内的整合性によって意思決定との関連性や信頼性を推定することはできない。

---解説---

問2　概念フレームワーク2章9項参照。

　会計基準全体を支える基本的な考え方とは，会計基準，会計実務，会計研究などについての歴史的経験と集積された知識の総体で，会計理論がその核心をなしている。そして，そのうち会計基準設定にとって重要な部分が概念フレームワークに記述されている（概念フレームワーク2章17項）。

　なお，内的整合性とは，現行基準の体系と矛盾しない個別基準を採用するよう要請するものであり，特定の会計手続きが毎期継続的に適用されることを要請する首尾一貫性とは異なっている（概念フレームワーク2章19項）点には注意する。

問3　概念フレームワーク2章10項参照。

　既存の会計基準の体系が有用な会計情報を生み出しているという合意が崩れた，新たな体系が必要とすると考えられるような状況では，概念フレームワーク自体の改訂が必要となる。

概念フレームワーク 8　一般的制約となる特性：比較可能性

次の文章を読んで，下記の設問に答えなさい。

会計情報が利用者の意思決定にとって有用であるためには，(ア)会計情報には比較可能性がなければならない。そのためには，同様の (a) （対象）には同一の (b) が適用され，異なる (a) （対象）には異なる (b) が適用されることにより，会計情報の利用者が，事実の同質性と異質性を峻別できるようにしなければならない。

比較可能性が確保されるためには，財務諸表の報告様式の統一はもちろん，企業において同一の会計方法が (c) に，ないし (d) して適用されなければならない。しかし，比較可能性は必ずしも，形式基準を求めるものでもなければ，画一的な (b) を求めるものでもない。(イ)事実の差異が会計情報の利用者の比較にとって必要であり，それを知ることが利用者の意思決定に役立つのであれば，その差異に応じて，異なる (b) （方法）が必要とされる。

問1　本文中の□□□の中に適当な用語を入れなさい。
問2　下線部(ア)の会計情報が比較される2つの状況を示しなさい。
問3　下線部(イ)の比較可能性において重要な事実ないし実質の差異とはどのような差異を意味しているのか説明しなさい。

ヒント

問2　時系列比較と企業間比較を説明すればよい。
問3　投資家の意思決定に必要な投資の成果とは何か。

―――――――〈 解答例 〉―――――――

問1　(a)事実　(b)会計処理　(c)継続的　(d)首尾一貫
問2　(1)同一企業の会計情報を時系列で比較する場合（時系列比較）
　　　(2)同一時点の会計情報を企業間で比較する場合（企業間比較）
問3　企業の将来キャッシュフローの金額，タイミング，不確実性についての差異。

―――――――〈 解　説 〉―――――――

問3　概念フレームワーク3章20項。
　　会計情報の比較可能性の議論は，しばしば形式と実質が分離している2つの状況で問題となっていた。それは，①2つの取引の法的形式が異なっているが実質が同じケースと②2つの取引の外形的形式等が同じであるものの，実質が異なるケースである。①にはある財の割賦購入とファイナンス・リース取引が，②には同一の財を販売目的と自己使用目的という異なる目的で保有している場合が相当する。
　　会計情報が比較可能であるためには，実質が同じ，すなわち，企業の将来キャッシュフローの金額，タイミング，不確実性が投資家の意思決定の観点から同じとみられる場合には同一の会計処理を，それが異なる場合には異なる会計処理がなされる必要がある。したがって，①には同じ会計処理が適用され，②には異なる会計処理が適用されなければならないことになる。

概念フレームワーク 9 財務諸表の構成要素(1)：資産・負債・純資産・株主資本

次の文章を読んで，下記の設問に答えなさい。

(ア)資産とは，過去の取引または事象の結果として，報告主体が　(a)　している　(b)　をいい，負債とは，過去の取引または事象の結果として，報告主体が　(a)　している　(b)　を放棄もしくは引き渡す義務，またはその(イ)同等物をいう。この　(b)　とは　(c)　の獲得に貢献する便益の源泉を意味している。また，　(a)　とは，所有権の有無にかかわらず，報告主体が　(b)　を利用し，そこから生み出される便益を享受できる状態をいう。

さらに，純資産とは，資産と負債の差額をいう。(ウ)純資産のうち報告主体の所有者である株主（連結財務諸表の場合には親会社株主）に帰属する部分を　(d)　という。

問1　本文中の　　　の中に適当な用語を入れなさい。
問2　繰延費用は下線部(ア)の資産の定義に照らして資産として計上されるか否かについて説明しなさい。
問3　下線部(イ)の同等物にはどのようなものが含まれるか説明しなさい。
問4　下線部(ウ)の純資産のうち報告主体の所有者である株主に帰属する部分とはどのような取引等によるものかを説明しなさい。

=== 解答例 ===

問1　(a)支配　(b)経済的資源　(c)キャッシュ　(d)株主資本

問2　繰延費用であっても，将来の経済的便益が得られると期待できるものは資産の定義に合致しているため，資産計上され得ると考えられる。

問3　法律上の義務に準ずるもの。

問4　報告主体の所有者との直接的な取引によって発生した部分，及び投資のリスクから解放された部分のうち，報告主体の所有者に割り当てられた部分を意味している。

=== 解　説 ===

問2　概念フレームワーク3章注(3)参照。

　なお，上記定義を満たした繰延費用の資産計上が否定されるとしたら，それは資産の定義によるものではなく，認識・測定の要件または制約による。

問3　概念フレームワーク3章注(4)参照。

　負債の概念は，義務という概念に基づいて定義づけられているため，現行の負債に含まれている繰延収益や債務性のない引当金はこの定義を満たしていない。

問4　概念フレームワーク3章注(6)参照。

　株主資本は，株主との直接的な取引，または，株主に帰属する純利益によって増減する。その結果，子会社の少数株主との直接的な取引や，オプション所有者との直接的な取引で発生した部分は，株主資本から除かれる（同注(7)）。

概念フレームワーク 10　財務諸表の構成要素(2)：包括利益・純利益

次の文章を読んで，下記の設問に答えなさい。

包括利益とは，特定期間における　(a)　の変動額のうち，(ア)報告主体の所有者である株主，子会社の少数株主，及び将来それらになり得るオプションの所有者との直接的な取引によらない部分をいう。

純利益とは，（上記の直接的な取引による部分を除いた）特定期間の期末までに生じた　(a)　の変動額のうち，その期間中に(イ)リスクから解放された　(b)　であって，報告主体の所有者に帰属する部分をいう。具体的には，収益から費用を控除した後，(ウ)少数株主損益を控除して求められる。したがって，純利益は，純資産のうちもっぱら　(c)　だけを増減させる。

企業の　(b)　は，最終的には，投下した資金と回収した資金の差額にあたるネット・キャッシュフローであり，各期の　(d)　の合計がその額に等しくなることが，　(d)　の測定にとって基本的な制約になる。

問1　本文中の　　　　の中に適当な用語を入れなさい。
問2　下線部(ア)の直接的な取引の例を3つあげなさい。
問3　下線部(イ)の「リスクから解放された　(b)　」はどのように判断されるか説明しなさい。
問4　下線部(ウ)の少数株主損益を説明しなさい。
問5　包括利益と純利益の関係について説明しなさい。

解答例

問1　(a)純資産　(b)投資の成果　(c)株主資本　(d)利益

問2　親会社の増資による親会社持分の増加，連結における資本連結手続きを通じた少数株主持分の発生，新株予約権の発行

問3　リスクから解放された投資の成果が得られたか否かは，企業が行った投資に関する期待に対比される事実が生じたか否かで判断される。

問4　少数株主損益とは，特定期間中にリスクから解放された投資の成果のうち，子会社の少数株主に帰属する部分をいう。

問5　包括利益のうち，投資のリスクから解放されていない部分を除き，過年度に計上された包括利益のうち期中に投資のリスクから解放された部分を加え，少数株主損益を控除すると純利益が求められる。

解説

問2　概念フレームワーク3章注(8)参照。

　　なお，純資産項目間の振替であっても，それらの項目の一部がここでいう直接的な取引によらないものであるときは，その部分が包括利益に含まれる場合もある。

問3　概念フレームワーク3章10項参照。

問4　概念フレームワーク3章11項参照。

問5　概念フレームワーク3章12項，および注(10)参照。

　　このうち，過年度に計上された包括利益のうち期中に投資のリスクから解放された部分を純利益の算定において加えることを「リサイクリング」と呼ぶこともある。

概念フレームワーク 11　財務諸表の構成要素(3)：収益・費用

次の文章を読んで、下記の設問に答えなさい。

(ア)収益とは、　(a)　または　(b)　を増加させる項目であり、特定期間の期末までに生じた資産の増加や負債の減少に見合う額のうち、投資のリスクから解放された部分である。また、(イ)費用とは、　(a)　または　(b)　を減少させる項目であり、特定期間の期末までに生じた資産の減少や負債の増加に見合う額のうち、投資のリスクから解放された部分である。

収益は、投資の産出要素、すなわち投資から得られる　(c)　に見合う会計上の尺度であり、(ウ)収益は、そのように投下資金が投資のリスクから解放されたときに把握される。また、費用は、投資によりキャッシュを獲得するために費やされた投入要素に見合う会計上の尺度であり、(エ)費用は投入要素に投下された資金が投資のリスクから解放されたときに把握される。

問1　本文中の　　　　の中に適当な用語を入れなさい。
問2　下線部(ア)のような収益とは異なり資産の増加や負債の減少を伴わないケースを、具体的な取引を例示しながら説明しなさい。
問3　下線部(イ)のような費用とは異なり資産の減少や負債の増加を伴わないケースを、具体的な取引を例示しながら説明しなさい。
問4　下線部(ウ)及び(エ)の収益及び費用の投資のリスクからの解放はどのような事象によって判断されるか説明しなさい。

ヒント

問2・3　純資産の構成項目間の振替が生じるケースを想定するとよい。

―――――――――――――――――〈 解答例 〉―――――――――――――――――

問1　(a)純利益　(b)少数株主損益　(c)キャッシュフロー

問2　新株予約権が失効した場合のように，純資産を構成する項目間の振替と同時に収益が計上されるケース。

問3　過年度の包括利益のリサイクリングを行う場合のように，純資産を構成する項目間の振替と同時に費用が計上されるケース。

問4　投資のリスクとは，将来得られるキャッシュフローの不確実性を意味している。それゆえ，収益の把握においては，キャッシュが獲得されることにより投入要素に投下された資金は投資のリスクから解放されたと判断できる。

　　また，費用の把握においては，キャッシュを獲得するために費やされた投入要素に投下された資金が，キャッシュが獲得されたとき，または，もはやキャッシュを獲得できないと判断されたときにその役割を終えるため，投資のリスクから解放されたと判断できる。

―――――――――――――――――〈 解　説 〉―――――――――――――――――

問2　概念フレームワーク3章注(12)参照。

問3　概念フレームワーク3章注(13)参照。

問4　概念フレームワーク3章13項，25項参照。

　　キャッシュとは，一般に現金及びその同等物を意味しているが，投資のリスクからの解放の判断においては，実質的にキャッシュの獲得と見なされる事態も含まれる。

概念フレームワーク 12 財務諸表における認識・測定の意義

次の文章を読んで，下記の設問に答えなさい。

財務諸表における認識とは，構成要素を財務諸表の本体に計上することをいい，測定とは，財務諸表に計上される諸項目に [(a)] を割り当てることをいう。

財務諸表の構成要素の認識の契機は， [(b)] を充足した各種項目の基礎となる契約が，原則として少なくとも一方によって履行されることにある。さらに，いったん認識した資産・負債に生じた価値の変動も，新たな構成要素を認識する契機となる。これは，双務契約であって，(ア)双方が未履行の段階にとどまるものは，原則として，財務諸表上で認識しないことを意味している。財務諸表の構成要素の [(b)] を充足した各種項目が，財務諸表上での認識対象となるためには，さらに(イ)[(c)]（[(d)]）が求められる。

問1 本文中の □ の中に適当な用語を入れなさい。
問2 下線部(ア)の原則とは異なり，現行の会計基準上，双務未履行の段階でも財務諸表上で認識されるものにはどのようなものがあるか，その理由とともに説明しなさい。
問3 下線部(イ)の [(c)] ないし [(d)] の意味，また，これらが認識の際に求められる理由を説明しなさい。

解答例

問1 (a)貨幣額 (b)定義 (c)一定程度の発生の可能性 (d)蓋然性 ((c)と(d)は順不同)

問2 双務未履行段階で財務諸表に計上されているものには，決済額と市場価格との差額である純額を市場で随時取引できる金融商品がある。このような金融商品への投資については，その純額の変動そのものがリスクから解放された投資の成果とみなされるからである。

問3 一定程度の発生の可能性（蓋然性）とは，財務諸表の構成要素に関わる将来事象が，一定水準以上の確からしさで生じると見積られることをいう。

財務諸表の構成要素を認識する際に一定程度の発生の可能性という要件が求められるのは，発生の可能性が極めて乏しい構成要素を財務諸表上で認識すると，誤解を招く情報が生まれるからである。

解説

問2 概念フレームワーク4章4項参照。

財務諸表の構成要素の認識が，少なくとも契約が部分的に履行されたことを契機に行われるのは，履行の見込みが不確実な契約から各種の構成要素を認識することによって誤解を招く情報が生み出されてしまうことを避けるためである。

問3 概念フレームワーク4章7項，および注(10)参照。

ただし，逆に確定した事実のみに依拠した会計情報は有用ではないとみるのも伝統的な通念であるので，発生の可能性を問題にする場合には，2つの相反する要請のバランスを考えなければならない。また，一定程度の発生の可能性の判断は，資産と負債の間で必ずしも対称的になされるわけではない。

概念フレームワーク 13 資産・負債の測定値

次の文章を読んで，下記の設問に答えなさい。

(ア) 資産の測定値としては， (a) , (b) , (c) , (d) , (e) がある。また負債の測定値としては， (f) , (g) , (c) , (b) がある。

(イ) 一部の項目は，これらの測定値の複数に関連づけて解釈できる。したがって，それぞれの測定値の意味は相互に対立しているわけでも排他的でもない。

また，資産の定義を満たしていても，資産の測定値として独立した意味を持たない数値が付される場合もある。

問1 本文中の (a) から (g) の中に適当な用語を入れなさい。

問2 概念フレームワークで，下線部(ア)のように資産・負債の測定値として，さまざまな測定値を混在させている理由を述べなさい。

問3 下線部(イ)のようにある項目が複数の測定値と関連づけ得る場合を貸付金を例にして説明しなさい。

ヒント

問2 財務報告の目的との関連性を述べること。

── 解答例 ──

問1　(a)取得原価　(b)市場価格　(c)割引価値　(d)入金予定額　(e)被投資企業の純資産額に基づく額　(f)支払予定額　(g)現金受入額　((a)と(d)と(e),(b)と(c),(f)と(g)は順不同)

問2　財務報告の目的は，投資のポジションとその成果を測定して開示することにある。この目的を達成するためには，投資の状況に応じて多様な測定値が求められるので，資産・負債に多様な測定値を認めている。

問3　毎期一定額の利息収入が予定されている貸付金を当初の貸付額で測定した場合，(1)貸付金という債権を取得するための支出額たる取得原価，(2)将来の利息と元金というキャッシュフローを契約利子率で割り引いた割引価値，(3)満期日における元金の回収可能額たる入金予定額などとして意味づけることができる。

── 解　説 ──

問2　概念フレームワーク4章53項−55項参照。
　　概念フレームワークにおいて，これらの測定値に優先順位は付されておらず，また，原価や時価で統一的に資産や負債を測定することが財務報告の目的に役立つとも考えられていない。

問3　概念フレームワーク4章54項等参照。

14 資産の測定(1)：取得原価

次の文章を読んで，下記の設問に答えなさい。

資産の測定値としての取得原価とは，資産取得の際に支払われた現金もしくは [(a)] の金額，または取得のために犠牲にされた財やサービスの [(b)] をいう。これを特に原始取得原価と呼ぶこともある。(ア)原始取得原価の一部を [(c)] に配分した結果の資産の残高は未償却原価と呼ばれ，広義にとらえた取得原価の範疇に含まれる。

原始取得原価は実際に投下した資金の金額であり，未償却原価は，そのうち未だ [(d)] に賦課されていない額である。

(イ)取得原価によって資産を測定する場合は，現在の投資行動をそのまま継続することが前提とされており，また，未償却原価によって資産が測定される場合は，投下資金の一部が，投資成果を得るために犠牲を表す [(c)] として，計画的・規則的に配分される。したがって，この測定は，資産の [(e)] の測定方法としてよりも，資産の利用に伴う [(c)] を測定するうえで重要な意味を持つ。

問1 本文中の[ ]の中に適当な用語を入れなさい。
問2 下線部(ア)の未償却原価が取得原価の範疇に含まれる理由を説明しなさい。
問3 下線部(イ)の取得原価による資産の測定値が持つ意味を，投資行動の観点から説明しなさい。

―――――――― 解答例 ――――――――

問1　(a)現金同等物　(b)公正な金額　(c)費用　(d)収益　(e)価値

問2　未償却原価が取得原価の範疇に含まれるのは，その測定値が原始取得原価を基礎とした測定値であるからである。

問3　取得原価，特に未償却原価による測定値は，継続利用している資産について将来に回収されるべき投資の残高を表している。

―――――――― 解　説 ――――――――

問2　概念フレームワーク4章8項参照。

問3　概念フレームワーク4章10項参照。
　　　このような将来に回収されるべき投資の残高を表しているものの，費用測定のための期間配分の手続きにおいてはいくつかの将来事象について見積りが必要であるため，事後的に重要な誤りが判明した場合は，見積りが適宜修正され，それに応じて未償却原価も修正されることになる。

概念フレームワーク 15　資産の測定(2)：市場価格

次の文章を読んで，下記の設問に答えなさい。

資産の測定値としての市場価格とは，特定の資産について流通市場で成立している価格をいう。報告主体が直面する市場に応じて市場価格の意味は異なる。

(ア)購買市場と流通市場が区別されない場合の市場価格は，資産の　(a)　を表す代表的な指標の1つであり，　(b)　を考慮していない，資産を処分ないし清算したときに得られる資金の額，あるいは再取得するのに必要な資金の額を表している。

購買市場と流通市場が区別される場合の市場価格には，　(c)　と　(d)　がある。(イ)　(c)　とは，購買市場で成立している価格で，保有する資産を測定時点で改めて調達するのに必要な資金の額を表している。(ウ)　(d)　とは，売却市場で成立している価格から見積販売経費（アフター・コストを含む。）を控除したもので，保有する資産を測定時点で売却処分することによって回収できる資金の額を表している。

問1　本文中の　　　　の中に適当な用語を入れなさい。

問2　(1)下線部(ア)の購買市場と流通市場が区別される場合の市場価格の変動額，(2)下線部(イ)の　(c)　の変動額，及び(3)下線部(ウ)の　(d)　の変動額は，投資の成果又は損益としてどのような意味を持つと考えることができるか説明しなさい。

――――――――――――――< 解答例 >――――――――――――――

問1 (a)経済価値 (b)取引コスト (c)再調達原価 (d)正味実現可能価額

問2(1) 購買市場と流通市場が区別されない場合の市場価格の変動額は，事業上の制約がなく清算できる投資で，かつ市場における有利な価格変動を期待しているものについての成果を表すと考えられる。

(2) 再調達原価の変動額は，資産の調達時期を遅らせていたならば生じたはずの損益を意味していると考えられる。

(3) 正味実現可能価額の変動額は，資産を期末に売却したら生じたはずの損益として意味づけることができると考えられる。

――――――――――――――< 解　説 >――――――――――――――

問2(1) 概念フレームワーク4章12項−13項参照。

　購買市場と流通市場が区別されない場合の市場価格は，現在の事業投資活動の継続が前提とされる場合，それに利用されている資産については，この測定値に経験的な意味を見出すのは困難であるが，たとえば個別の資産の売却処分が前提とされる場合には，その市場価格の情報が投資家にとって有益なこともある。

(2) 概念フレームワーク4章16項参照。

(3) 概念フレームワーク4章18項参照。

　再調達原価又は正味実現可能価額の変動額が投資の成果とみなせる状況は限られている。

　なお，いずれも予期せざる環境変化などにより，簿価が従来の意味を失うことがあり，臨時の簿価修正手続きとしてこれらの測定値による再測定が意味を持つこともある。

概念フレームワーク 16　資産の測定(3)：割引価値(1)

次の文章を読んで，下記の設問に答えなさい。

資産の測定値としての(ア)割引価値とは，資産の利用から得られる将来キャッシュフローの見積額を，何らかの割引率によって測定時点まで割り引いた測定値をいう。割引価値による測定は，①将来キャッシュフローを継続的に見積り直すか否か，②割引率を継続的に改訂するか否かに応じて，いくつかの類型に分けられる。

将来キャッシュフローを継続的に見積り直し，割引率も改訂する割引価値の類型の1つとして (a) がある。使用価値とも呼ばれ，資産の利用から得られる将来キャッシュフローを (b) で見積り，その (c) キャッシュフローをその時点の割引率で割り引いた測定値をいう。

(イ) (a) は，市場価格と並んで，資産の価値を表す代表的な指標の1つであり，(ウ)報告主体の主観的な期待価値である。

また，(エ)市場価格を推定するための割引価値もある。これは，市場で (d) に予想されているキャッシュフローと市場の (d) な割引率を測定時点で見積り，前者を後者で割り引いた測定値をいう。

問1　本文中の □ の中に適当な用語を入れなさい。
問2　下線部(ア)の割引価値を採用する際の前提を説明しなさい。
問3　下線部(イ)の変動額が意味することを説明しなさい。
問4　下線部(ウ)は何によって構成されるか，簡潔に述べなさい。
問5　下線部(エ)の割引価値が積極的な意味を持つ場合を説明しなさい。

───────────────< 解答例 >───────────────

問1　(a)利用価値　(b)測定時点　(c)期待　(d)平均的

問2　資産の測定値として割引価値を採用できるのは，キャッシュフローが発生するタイミングを合理的に予想できる場合である。

問3　利用価値の変動額は，仮に将来に関する期待が変わらなければ，この投資額に対する正常なリターンの額（資本コストに見合う額）に等しくなり，その期待が期中で変化した場合は，正常なリターンに加えて，期待の変化（いわゆるウィンドフォール）が経営者の主観的な見込みだけで算入される。

問4　報告主体の主観的価値とは，測定時点の市場価格とそれを超える無形ののれん価値から成る。

問5　市場価格が存在しない資産について，期末時点の価値を測定する必要がある場合には，この測定値が市場価格の代理指標として積極的な意味を持つ。

───────────────< 解　説 >───────────────

問2　概念フレームワーク4章19項参照。

問3・4　概念レフームワーク4章21項-22項，および注(7)参照。
　　利用価値は，個々の資産の価値ではなく，貸借対照表には計上されていない無形資産も含んだ企業全体の価値を推定する必要がある場合に利用される。また，事実あるいは実績を開示するという財務報告の目的に照らすと，利用価値による測定が意味を持つ状況は，資産の収益性が低下し，簿価を全額回収する見込がなくなった場合に回収可能な額までに簿価を切り下げるような，主観的な見積りを事実の代理とするしかない例外的なケースに限られる。

問5　概念フレームワーク4章23項参照。

概念フレームワーク 17 資産の測定(4)：割引価値(2)

次の文章を読んで，下記の設問に答えなさい。

資産の測定値としての割引価値の類型には，(ア)将来キャッシュフローのみを継続的に見積り直す場合の割引価値もある。これは，資産の利用から得られる将来キャッシュフローを測定時点で見積り，その [(a)] キャッシュフローを資産の [(b)] における割引率で割り引いた測定値をいう。

この測定値は，資産から得られる将来キャッシュフローについて，[(c)] の変化のみを反映させた額を表す。必ずしも [(d)] のすべてを反映させたものではなく，また割引率に内在する [(e)] を無視する点でも，それは測定時点の資産価値を表しているとはいえないが，(イ)その変動額に含まれる2つの要素を投資の成果としてとらえるために，この測定方法が利用されることもある。

問1　本文中の [　　] の中に適当な用語を入れなさい。
問2　下線部(ア)の割引価値が採用される方法の典型例を1つあげ，その具体的な方法を説明しなさい。
問3　下線部(イ)の2つの要素とそれらの損益との関係を説明しなさい。

ヒント

問2・問3　いずれも貸付金などの金銭債権を想定すればよい。

――― 解答例 ―――

問1　(a)期待　(b)取得時点　(c)回収可能性　(d)回収リスク　(e)金利のリスク

問2　金銭債権への利息法の適用がその典型例である。
　　　この場合，金銭債権の取得時点で回収が見込まれる将来キャッシュフローを原始取得原価に一致させる割引率である当初の実効金利を求め，この割引率で割り増し計算を行って毎期の簿価を計算する。

問3　将来キャッシュフローのみを継続的に見積り直した場合の割引価値の変動額に含まれる要素の1つは，当初用いた割引率に見合う利息収益で，もう1つは期待キャッシュフローが変化したことに伴う損益の要素である。後者では回収可能額の改訂分を当初の割引率で割り引いた全額が，見積りの修正時点に生じた損益とみなされる。

――― 解　説 ―――

問2　概念フレームワーク4章24項，および注(8)参照。

問3　概念フレームワーク4章25項参照。

概念フレームワーク 18 資産の測定(5)：入金予定額・被投資企業の純資産額に基づく額

次の文章を読んで，下記の設問に答えなさい。

資産の測定値としての入金予定額とは，資産から期待される将来キャッシュフローを割り引かずに (a) した金額をいう。一般に，入金予定額という場合，債権の契約上の (b) を指すことが多い。この測定値は将来に入金が予定される額， (c) を表し，その変動額には， (d) の変化が反映される。

(ア)資産の測定値としての被投資企業の純資産額に基づく額とは，被投資企業の純資産のうち投資企業の (e) に対応する額をいう。

この測定値は被投資企業に対する報告主体の (e) 額あるいは投資額を表し，主として，被投資企業の純資産変動に基づいて利益を測定する際に用いられる。また，他の測定方法では投資の現状をとらえられないケースで利用されることもある。(イ)たとえば予期せざる環境変化などにより，簿価が従来の意味を失う場合は，臨時の簿価修正手続として，この測定値が意味を持つこともある。

問1　本文中の   の中に適当な用語を入れなさい。
問2　下線部(ア)の測定値の例を1つあげなさい。
問3　下線部(イ)に該当する例を1つあげなさい。

===== 解答例 =====

問1　(a)単純合計　(b)元本についての回収可能額　(c)回収可能見込額　(d)借り手の信用状況　(e)持分
問2　持分法による評価額。
問3　時価を把握することが極めて困難と認められる株式について，実価法により減損処理を行う場合。

===== 解　説 =====

問2　概念フレームワーク4章注(9)参照。

　なお，持分法による評価額という用語法には，未償却の投資消去差額（連結調整勘定）相当額を含めた意味と除いた意味の2つのケースで使われることがある。

問3　概念フレームワーク4章注(11)参照。

　時価を把握することが極めて困難と認められる株式については，発行会社の財政状態の悪化により実質価額が著しく低下したときには相当の減額をしなくてはならない（金融商品会計基準21項）。

　この実質価額の算定は，被投資会社の純資産額に持分を乗じて計算する。

概念フレームワーク 19　負債の測定(1)：支払予定額・現金受入額

次の文章を読んで，下記の設問に答えなさい。

(ア) 負債の測定値としての支払予定額とは，負債の返済に要する将来キャッシュフローを割り引かずに　(a)　した金額をいい，将来支払うべき金額を表す。

(イ) 負債の測定値としての現金受入額とは，財・サービスを提供する　(b)　の見返りに受け取った現金または現金同等物の金額をいう。時の経過に応じてサービスの提供が行われるケースなどにおいては，現金受入額を計画的・規則的に　(c)　する期間配分の手続がとられる。その配分した結果の負債の残高は，　(d)　または　(e)　と呼ばれる。現金受入額を基礎としていることから，　(d)　・　(e)　も，広義にとらえた現金受入額の範疇に含まれる。

問1　本文中の　　　の中に適当な用語を入れなさい。
問2　下線部(ア)の支払予定額による負債の測定を行う場合，損益はどのように計算されるか説明しなさい。
問3　下線部(イ)の現金受入額による負債の測定を行う場合，損益はどのように計算されるか，金融負債と非金融負債に分けて説明しなさい。

------ 解 答 例 ------

問1　(a)単純合計　(b)義務　(c)減額　(d)未決済残高　(e)未消滅残高　((d)と(e)は順不同)

問2　支払予定額が契約などにより固定されている場合，この方法で負債を測定すれば，返済までの間，支払利息以外の損益は計上されない。他方，支払予定額が見積りによる場合，この方法によると，見積りの変更のすべてがその期の損益に計上される。

問3　金融負債については，現金受入額と元金及び利息返済額との差が利息費用や償還損益となる。

　　　非金融負債については，財・サービスの引渡し義務の履行に伴って，現金受入額のうち履行に見合う額が収益に振り替えられる。

------ 解 説 ------

問2　概念フレームワーク4章31項，および注(12)参照。

　　　ただし，債務が免除された場合には，債務免除益が契約上の要返済額と実際の返済額の差額分計上されることになる。

問3　概念フレームワーク4章33項参照。

概念フレームワーク 20 負債の測定(2)：割引価値

次の文章を読んで，下記の設問に答えなさい。

負債の測定値としての割引価値にもいくつかの類型がある。

将来キャッシュフローを継続的に見積り直すとともに，割引率も改訂する場合の割引価値の1つに，リスクフリー・レートによる割引価値がある。これは，(ア)測定時点で見積った将来のキャッシュ・アウトフローを，その時点におけるリスクフリー・レートで割り引いた測定値をいい，借り手である報告主体が自身の [(a)] を考慮せずに見積った負債の価値を表す。また，リスクを調整した割引率による割引価値もある。これは，(イ)測定時点で見積った将来のキャッシュ・アウトフローを，その時点における報告主体の [(b)] を加味した最新の割引率で割り引いた測定値をいい，負債の [(c)] を推定する際に意味を持つことがある。

将来キャッシュフローのみを継続的に見積り直す場合の割引価値は，(ウ)測定時点で見積った将来のキャッシュ・アウトフローを，[(d)] における割引率で割り引いた測定値をいう。

さらに，(エ)将来キャッシュフローを見積り直さず，割引率も改訂しない場合の割引価値があり，[(d)] で見積った将来のキャッシュ・アウトフローを，その時点での割引率によって割り引いた測定値をいう。

問1 本文中の [ ] の中に適当な用語を入れなさい。
問2 下線部(ア)及び(イ)の変動額に反映される要素を説明しなさい。
問3 下線部(ウ)の2つの要素を説明しなさい。
問4 下線分(エ)の変動額が意味することを説明しなさい。

解答例

問1 (a)デフォルト (b)信用リスク (c)市場価格 (d)負債が生じた時点

問2(ア) リスクフリー・レートによる割引価値の変動額には，期待キャッシュ・アウトフローの増減や時の経過，およびリスクフリー・レートの変化は反映される。しかし，報告主体の信用リスクの変化は反映されない。

(イ) リスクを調整した割引率による割引価値の変動額には，期待キャッシュ・アウトフローの増減，時の経過や，リスクフリー・レートの変化に加えて，報告主体の信用リスクの変化も反映される。

問3 将来キャッシュフローのみを継続的に見積り直す場合の割引価値の変動額に含まれる要素の1つは，負債発生当初に用いた割引率に見合う利息費用の要素である。もう1つは，期待キャッシュ・アウトフローが変化したことに伴う損益の要素で，要返済額の改訂分を当初の割引率で割り引いた全額が含まれる。

問4 将来キャッシュフローを見積り直さず，割引率も改訂しない場合の割引価値の変動額は，期首の負債額に対する当初の実効金利による利息費用を表す。また，期中に発生した負債については発生時の負債額に対する当初の実効金利による利息費用を表す。

解 説

問2(ア) 概念フレームワーク4章36項参照。

(イ) 概念フレームワーク4章38項参照。
ただし，報告主体の契約上の支払義務が変わらない状況では，その変動額を投資成果とみなすことはできない。

問3 概念フレームワーク4章40項参照。

問4 概念フレームワーク4章42項参照。

概念フレームワーク 21 収益の認識：リスクからの解放

以下の文章を読んで，下記の設問に答えなさい。

収益は，投下資金が投資のリスクから解放されたときに把握される。投資のリスクとは投資の成果の (a) を意味しており，成果が (b) となれば，投資がリスクから解放されたことになる。したがって，投資のリスクからの解放とは， (c) にその投資に (d) された成果が (b) として確定することを意味している。

「投資のリスクからの解放」と類似したものとして，「実現」，あるいは「実現可能」という概念があり，その解釈には諸説がある。しかし，(ア)「実現した成果」は，この概念フレームワークでいう「リスクから解放された投資の成果」に含まれるが，(イ)「実現可能な成果」の中には，「リスクから解放された投資の成果」に該当しないものも含まれている。

問1　本文中の〔　　〕の中に適当な用語を入れなさい。
問2　下線部(ア)の「実現した成果」と「リスクから解放された投資の成果」の違いを説明しなさい。
問3　下線部(イ)の例を，有価証券を例にして説明しなさい。

ヒント

問2　実現の要件にも諸説あるが，対価の客観性・確実性がその要件の例であり，これが投資のリスクからの解放の概念と異なる点に言及すること。
問3　子会社株式や関連会社株式，あるいは持ち合い株式を想定すればよい。

―――――――― 解答例 ――――――――

問1　(a)不確実性　(b)事実　(c)事前　(d)期待

問2　最も狭義に解した場合の「実現した成果」とは，売却という事実に裏づけられた成果，すなわち非貨幣性資産の貨幣性資産への転換という事実に裏づけられた成果として意味づけられることが多い。それに対し，「リスクから解放された投資の成果」は，このような換金可能性や処分可能性のみで判断されるわけではない点が異なる。

問3　「実現可能な成果」は，現金またはその同等物への転換が容易である成果として意味づけられることが多いので，その意味では，上場株式の時価評価差額は「実現可能」とみなすことができる。しかし，上場株式であっても子会社株式・関連会社株式，あるいはその他有価証券の一部の時価評価差額については，その売却には事業上の制約が課されているので，「リスクから解放された成果」とはいえないと解釈できる。

―――――――― 解　説 ――――――――

問2　概念フレームワーク4章58項参照。

問3　概念フレームワーク4章58項，および注(17)参照。

概念フレームワーク 22 収益の測定(1)

以下の文章を読んで，下記の設問に答えなさい。

収益の測定には，交換，市場価格の変動，　(a)　，及び　(b)　に着目した収益の測定がある。

交換に着目した収益の測定とは，財やサービスを第三者に引き渡すことで獲得した対価によって収益をとらえる方法である。収益計上は　(c)　されたか否かによって判断される。この場合の収益の額は，(ア)獲得した対価の測定値に依存する。

(イ)市場価格の変動に着目した収益の測定とは，資産や負債に関する市場価格の有利な変動によって収益をとらえる方法をいう。この場合の収益の額は，1期間中に生じた市場価格の上昇額によって測定される。

問1　本文中の　　　　の中に適当な用語を入れなさい。

問2　下線部(ア)の交換に着目した収益の測定において，どのような対価を獲得すれば　(c)　されたと判断されるのか，具体例をあげて簡潔に説明しなさい。

問3　下線部(イ)の市場価格の変動に着目する収益の測定はどのような資産・負債に適用されるのか，その理由とともに簡潔に説明しなさい。

ヒント

問2　財務諸表の構成要素の収益の定義を思い出すこと。

問3　　(c)　の観点から，市場価格の変動によって投資の成果が生じたと見なすことができる資産・負債はどのようなものか。

解答例

問1　(a)契約の部分的な履行　(b)被投資企業の活動成果
　　　(c)投資のリスクから解放　((a)と(b)は順不同)

問2　原則として，現金のように，事業のリスクに拘束されない資産を獲得したか否かによって判断される。

問3　随時換金（決済）可能で，換金（決済）の機会が事業活動による制約・拘束を受けない資産・負債については，換金（決済）による成果を期待して資金の回収（返済）と再投資（再構築）とが繰り返されているとみなすこともできる。そのため，このような資産・負債については，市場価格の変動によって，投資の成果が生じたと判断することができる。

解　説

問2　概念フレームワーク4章44項参照。
　　なお，収益の定義（概念フレームワーク3章13項）を再掲すると，「収益とは，純利益または少数株主損益を増加させる項目であり，特定期間の期末までに生じた資産の増加や負債の減少に見合う額のうち，投資のリスクから解放された部分である。」このように，収益は資産の増加又は負債の減少を伴うため，対価もそのいずれかになる。しかし，実現主義のように，対価は貨幣性資産といった要件を定めているものではない点に注意する。

問3　概念フレームワーク4章45項参照。
　　売買目的有価証券等の特定の金融商品に係る収益がこれに該当する。
　　解答例に示したように，市場価格の上昇によって事前の期待が事実に変わったとみなすことができるからである。実際に売却してその事実を確定するか否かは経営者の意思に委ねられているため，売却せず保有し続けた場合，すなわち再投資後の市場価格の下落は，再投資した時点の期待が事実となったに過ぎないと考えられる。

概念フレームワーク 23 収益の測定(2)

以下の文章を読んで、下記の設問に答えなさい。

収益の測定には、 (a) ， (b) ，契約の部分的な履行，および被投資企業の活動成果に着目した収益の測定がある。

(ア)契約の部分的な履行に着目した収益の測定とは、財やサービスを継続的に提供する契約が存在する場合、契約の部分的な履行に着目して収益をとらえる方法をいう。このような場合、相手方による契約の履行が確実視される場合は、報告主体が契約を部分的に履行しただけで、契約価額の一部を成果として得たとみなすことができるからである。

(イ)被投資企業の活動成果に着目した収益の測定とは、投資企業が被投資企業の成果の獲得に応じて (c) を増加させて収益をとらえる方法をいう。

問1 本文中の □ の中に適当な用語を入れなさい。
問2 下線部(ア)の契約の部分的な履行に着目した収益の測定の具体例を1つあげなさい。
問3 工事進行基準は下線部(ア)の契約の部分的な履行に着目した収益の測定に該当するか否かを簡潔に論じなさい。
問4 下線部(イ)の被投資企業の活動成果に着目した収益の測定はどのような場合に適用できるのかを説明しなさい。
問5 下線部(イ)の被投資企業の活動成果に着目した収益の測定方法を説明しなさい。

ヒント

問3 工事の進行が部分的な契約の履行に該当するか否かを論じればよい。
問4・5 持分法が該当する。

―― 解答例 ――

問1　(a)交換　(b)市場価格の変動　(c)投資勘定　((a)と(b)は順不同)

問2　貸付金等の金銭債権に係る利息収益の測定が該当する。

問3　長期請負工事の場合，工事が一部行われたからといって工事契約の義務を部分的に履行したことにはならないと考えられる。よって，工事進行基準は契約の部分的履行に着目した測定の対象にはならないと考えるのが妥当である。

問4　この方法が適用されるのは，被投資企業との間に一体性を見出せる場合である。この場合，被投資企業の事業活動は投資企業の事業活動の延長線上にあると位置づけられるからである。

問5　被投資企業の純利益に持分割合を乗じた額。

―― 解　説 ――

問2　概念フレームワーク4章46項参照。
　契約の部分的な履行に着目した収益の額は，一期間中に履行された義務の割合を契約額に乗じて測定する。なお，同様に，契約価額を受領済みで，自身による契約の履行が確実視される場合も，報告主体が部分的に履行しただけで，履行割合に見合う成果を得たとみなすことができる。

問3　貸付金等の金銭消費貸借の場合，利息を時間基準によって認識するのは，その時点まで資金を貸し付けるという義務を履行したと考えられるからである。しかし，長期請負契約の場合，工事が仮に20％進捗したとしても，相手方による契約の履行が確実とは言えず，あくまでも完成をもって義務が履行され，相手方も契約を履行することが確実になると思われるため，工事進行基準は契約の部分的履行には該当しないと考えられる。

問4　概念フレームワーク4章47項参照。
　連結レベルならば，自ら直接事業を行う場合と，被投資企業の持分を所有し，当該企業が事業を行う場合には，経済的には同じと考えられる。

概念フレームワーク 24 費用の測定

次の文章を読んで，下記の設問に答えなさい。

費用の測定には，収益の測定と同じく (a) に着目した測定， (b) に着目した測定，及び (c) に着目した測定の他に，利用の事実に着目した測定がある。

(ア)利用の事実に着目した費用の測定とは，資産を実際に利用することによって生じた消費や価値の減耗に基づいて費用をとらえる方法をいい，この場合の費用は，減少した資産の測定値によって測定される。なお，財・サービスの消費に伴う費用のうち，資産の定義と認識・測定の要件を充足するものについては， (d) として資産に計上されることもある。

利用に伴う資産の数量的な減少を把握するのが困難な場合には，(イ)費用配分が，資産の金額的な減少を測る方法として妥当であると伝統的にみなされてきた。

問1 本文中の □ の中に適当な用語を入れなさい。
問2 下線部(ア)の利用の事実に着目した費用の測定は，どのような資産に適用されるのか説明しなさい。
問3 下線部(イ)の費用配分とはどのような方法か簡潔に説明するとともに，その具体例を1つ示しなさい。

ヒント

問2 資産の保有目的を考えること。

解答例

問1　(a)交換　(b)市場価格の変動　(c)契約の部分的な履行　(d)繰延費用
　　　((a)と(b)と(c)は順不同)
問2　事業用の有形固定資産のように，一般には，事業活動に拘束された資産について，利用の事実に着目して費用が測定される。
問3　費用配分とは，あらかじめ定められた計画に従って，資産の原始取得原価を一定の期間にわたって規則的に費用に配分する方法である。
　　　具体例：有形固定資産の減価償却

解説

問1　概念フレームワーク4章48項−51項参照。
　　　交換に着目した費用の測定とは，財やサービスを第三者に引き渡すことで犠牲にした対価によって費用をとらえる方法をいう。
　　　市場価格の変動に着目した費用の測定とは，資産や負債に関する市場価格の不利な変動によって費用をとらえる方法をいう。
　　　契約の部分的な履行に着目した費用の測定とは，財やサービスの継続的な提供を受ける契約が存在する場合，契約の部分的な履行に着目して費用をとらえる方法をいう。
問2　概念フレームワーク4章51項−52項参照。
　　　なお，財・サービスの取得と同時に消費される場合には，それらの原始取得原価によって測定される。
問3　概念フレームワーク4章52項参照。
　　　費用配分を適用する場合，事前にいくつかの将来事象を見積らなければならないが，事後的に見積りに誤りが判明した場合は，見積りの改訂に伴う配分計画の修正が求められることもある。また，修正方法によっては，その際に損益が計上されることもある。

企業会計原則

企業会計原則 1 真実性の原則

次の文章を読んで，下記の設問に答えなさい。

企業会計原則一般原則・一は，「企業会計は，企業の (a) 及び (b) に関して，真実な報告を提供するものでなければならない。」とし，これを真実性の原則という。この原則は他の一般原則， (c) および (d) を包括する上位規範として位置づけられ，他の原則を遵守することにより，真実な報告がなされることを要求する。この原則の真実性について，それは絶対的な真実性ではなく， (e) な真実性であるといわれる。その理由として，(ア) 1つの取引に2つ以上の会計処理の原則または手続きが認められている場合があること，また，期間損益計算には (イ) 将来の事象に対する予測や主観的判断が介在すること等があり，その結果，ものの重さや長さを測定することとは異なり，会計数値は必ずしも唯一絶対の測定値ではないことが指摘される。

問1　本文中の　　　の中に適当な用語を入れなさい。
問2　下線部(ア)について，このような例を2つ以上あげなさい。
問3　下線部(イ)について，このような例を2つ以上あげなさい。
問4　この原則の真実性が絶対的でなく相対的である，といわれる理由の1つに，それが会計目的に依存する概念であると指摘されることがある。なぜ，会計目的に依存する概念であるのか説明しなさい。

ヒント ••

問4　会計基準は普遍的でなく，改訂されたり新たに整備される場合がある。

◁ 解答例 ▷

問1　(a)財政状態　(b)経営成績　(c)損益計算書原則　(d)貸借対照表原則
　　　(e)相対的

問2　たとえば，償却性資産に対する減価償却方法，棚卸資産に対する単価計算の方法，繰延資産の計上などがあげられる。減価償却方法としては定額法，定率法，級数法および生産高比例法がある。棚卸資産の単価計算については，個別法，先入先出法，平均原価法および売価還元法が列挙される。

問3　減価償却費の計算要素における残存価額や耐用年数，引当金の金額の見積りおよび資産除去債務の将来の支出額の見込などがあげられる。

問4　「真実な報告」は固定的な概念ではなく，その報告は情報利用者の情報ニーズの変化や経済環境の変化に伴う会計目的の変化，またそれを受けた会計基準の改訂により，会計情報の内容すなわち報告される対象や測定属性自体を変化させることがある。また，認識対象の拡大が図られることもある。このように，会計目的の変遷などによって会計の報告は変化し，会計目的にとってのみ真実であるという意味で，その真実性は相対的であると指摘される。

◁ 解　説 ▷

問2　会計方針の開示例は，企業会計原則注解・注1-2を参照のこと。

問3　連続意見書第三，企業会計原則注解・注18など参照のこと。

問4　たとえば，資産評価の測定属性の変更については，平成11年に企業会計審議会から公表された，金融商品に係る会計基準の設定に関する意見書で，時価情報の開示に関する経緯が記述されている。

企業会計原則 2　正規の簿記の原則

次の文章を読んで，下記の設問に答えなさい。

企業会計原則一般原則・二は，「企業会計は，すべての取引につき，正規の簿記の原則に従って，正確な　(a)　を作成しなければならない。」ことを要請する。この原則には狭義と広義の解釈があり，狭義は，会計記録に関する原則であり，正確な会計帳簿を作成するために，網羅性，検証可能性および秩序性という3つの要件を満たすことを要請する原則であると解する。広義には，記録のみならず(ア)それに基づく　(b)　の作成を要請する原則と解釈される。なお，正規の簿記の原則は，すべての取引を網羅的に記録することを要請するが，企業会計原則注解・注1は「・・・，企業会計が目的とするところは，企業の財務内容を明らかにし，企業の状況に関する利害関係者の判断を誤らせないようにすることにあるから，　(c)　の乏しいものについては，(イ)本来の厳密な会計処理によらないで他の　(d)　な方法によることも正規の簿記の原則に従った処理として認められる。」と述べている。

問1　本文中の　　　の中に適当な用語を入れなさい。
問2　下線部(ア)について，このような作成方法を何と呼ぶか答えなさい。
問3　下線部(イ)について，「本来の厳密な会計処理」とは何か説明しなさい。
問4　「他の　(d)　な方法」として認められる処理について述べなさい。

ヒント

問4　企業会計原則注解・注1は消耗品等，経過勘定，棚卸資産の取得に関する付随費用，および期限が1年以内に到来する債権・債務に関する表示区分をあげている。

解答例

問1 (a)会計帳簿 (b)財務諸表 (c)重要性 (d)簡便

問2 一般に「誘導法」という。これに対して，実地棚卸を行い，資産および負債の額とその内訳を調査してそれらの差額を純資産として計算することにより貸借対照表を作成する方法を「棚卸法」という。

問3 正規の簿記の原則に従った会計処理，すなわち，網羅的で検証可能性があり秩序性をもった記録，会計処理である。網羅性は記録すべきすべての取引はすべて正確に記録され，検証可能性は証拠に照らして記録がなされること，また，秩序性は一定の法則に基づいて整然と記録されることを意味する。

問4 企業会計原則注解・注1は，次のものが容認できるものとしてあげている。

　消耗品，消耗工具器具備品その他の貯蔵品等のうち重要性の乏しいものに関する買入時または払出時の費用処理の採用，重要性の乏しい経過勘定項目についての経過勘定として処理しないこと，重要性の乏しい引当金を計上しない処理，および棚卸資産の取得原価に含められる付随費用のうち，重要性の乏しいものについての取得原価への非算入の処理が認められている。

解説

問3 本来の厳密な会計処理は，狭義の解釈による要件を満たす正規の簿記の原則に従った処理である。

問4 企業会計原則注解・注1は，会計処理のみならず財務諸表の表示に関しても適用される。

企業会計原則 3 資本取引・損益取引区別の原則

次の文章を読んで，下記の設問に答えなさい。

企業会計原則一般原則・三は，「資本取引と損益取引とを明瞭に区別し，特に [(a)] と [(b)] とを混同してはならない。」ことを要請する。資本取引と損益取引を区別する必要性について企業会計原則注解・注2(1)は，「資本剰余金は， [(c)] から生じた剰余金であり，利益剰余金は [(d)] から生じた剰余金，すなわち利益の [(e)] であるから，両者が混同されると，企業の財政状態及経営成績が適正に示されないことになる。(以下，省略)」としている。

この原則は，2つの意味で資本と利益を区別していると解されている。第1は，株主資本における資本と利益の源泉別の区別であり，資本を拠出資本，また利益を稼得資本として区別すると解する。第2は，(ア)期間損益計算の観点からの資本と利益の区別であり，会計期間中に期首資本を直接的に増減させる取引を資本取引，損益取引は増減された期首資本と期末資本の差額である期間利益を構成するものと解する。

問1　本文中の_____の中に適当な用語を入れなさい。
問2　資本取引と損益取引とを区別することの必要性について，説明しなさい。
問3　下線部(ア)について，この場合の資本とは何か，なぜ資本と利益を区別しなければならないのか説明しなさい。

ヒント

問3　いわゆる財産法による利益計算を考える。

―― 解答例 ――

問1　(a)資本剰余金　(b)利益剰余金　(c)資本取引　(d)損益取引　(e)留保額

問2　払込資本である資本剰余金と稼得資本である利益剰余金を区別することによって，企業の財政状態及び経営成績の適正表示を図ることが求められている。また，資本を利益と混同することによる資本の流出を防ぐ意味があったと考えられていた。

問3　この場合の資本とは，期首時点での資本を指し，資本取引は期首資本を増減させる取引となる。したがって，たとえば利益剰余金の配当は利益剰余金の減少となるが，これは資本取引となる。損益取引は期間利益を構成する収益および費用を発生させる取引となる。この資本と利益を区別することによって，適正な期間損益計算がなされることを確保している。

―― 解　説 ――

問2　前段は原則の文言による。後段については，たとえば，飯野利夫著『財務会計論　三訂版』(同文舘，1993年，2-23頁)などを参照。ただし，2009年4月1日施行の会社計算規則では，25条第1項で準備金の減少による資本金の額の増加，同第2項で剰余金の額の減少による資本金の額の増加が規定されている。このことは，利益準備金およびその他利益剰余金からの資本金への振替が認められたものであり，資本金から資本準備金及びその他資本剰余金への取崩しが認められていることからすると，払込資本と稼得資本の区別は，その意味で薄れてきているといえる。

問3　期首資本を直接増減させる取引とそれ以外の取引による期首資本の増減を区別することによって，適正な期間損益計算を行うことが可能となる。

企業会計原則 4 明瞭性の原則

次の文章を読んで，下記の設問に答えなさい。

企業会計原則一般原則・四は，「企業会計は，財務諸表によって，　(a)　に対し必要な　(b)　を明瞭に表示し，企業の状況に関する判断を誤らせないようにしなければならない。」ことを要請する。明瞭性の原則は，利害関係者が会計情報の内容を正しく把握できるように，(ア)財務諸表の明瞭な作成を求めている。また，この原則は，財務諸表本文のみならず，財務諸表の特定の主要項目・科目に関する詳細を示す　(c)　の作成，複数ある認められた会計処理の原則および手続きの中から採用した原則および手続きに関する重要な　(d)　の開示（企業会計原則注解・注1-2），(イ)重要な後発事象の開示（企業会計原則注解・注1-3）の開示も求めている。なお，財務諸表の表示については，明瞭性の原則はその目的から重要性の原則とも密接な関係を持ち，明瞭な表示には重要性の原則が適用されている。

問1　本文中の　　　の中に適当な用語を入れなさい。
問2　下線部(ア)について，どのような適用例があるかあげなさい。
問3　下線部(イ)について，「重要な後発事象」とは何か説明しなさい。
問4　財務諸表の明瞭性の原則と重要性の原則がなぜ相反するものとならないのか説明しなさい。

● ヒント ●

問4　詳細な開示が必ずしも利害関係者の意思決定への有用性に繋がるわけではない。

=== 解答例 ===

問1　(a)利害関係者　(b)会計事実　(c)付属明細表　(d)会計方針

問2　費用と収益を直接に相殺することおよび資産，負債または資本を相殺することによって，財務諸表の表示からその全部又は一部を除去することを禁じた総額主義の原則，および財務諸表の区分表示の原則があげられる。

問3　後発事象とは，貸借対照表日後に発生した事象で，次期以後の財政状態及び経営成績に影響を及ぼすものをいう。重要な後発事象の例としては，次のようなものがあげられる。

　イ　火災，出水等による重大な損害の発生
　ロ　多額の増資又は減資及び多額の社債の発行又は繰上償還
　ハ　会社の合併，重要な営業の譲渡又は譲受
　ニ　重要な係争事件の発生又は解決
　ホ　主要な取引先の倒産

問4　明瞭性の原則は，利害関係者の企業の状況に対する理解や意思決定を行うことができるように，財務諸表の明瞭表示および関連する情報の開示を求めている。その目的から，必ずしも厳密で詳細な情報の表示を求めているわけではなく，「利害関係者の判断を誤らせないようにすることにある」（企業会計原則注解・注1）ことから，重要性の原則は，財務諸表の表示に関しても適用される。

=== 解　説 ===

問3　企業会計原則注解・注1-3。
問4　たとえば財務諸表の区分表示に関する企業会計原則注解・注1(5)など参照。

企業会計原則　5　継続性の原則

次の文章を読んで，下記の設問に答えなさい。

企業会計原則一般原則・五は，「企業会計は，その処理の　(a)　を毎期継続して適用し，　(b)　これを変更してはならない。」ことを要請する。この原則は，(ア)一つの会計事実について複数の会計処理の原則または手続きの選択適用が認められている場合に問題となる。いったん採用した処理手続きは，　(c)　により変更を行う場合を除き継続適用することが求められる。会計基準の改正等以外の(イ)正当な理由によって会計処理の重要な変更をした場合には，変更の内容，正当な理由，主な科目に対する前事業年度における影響額等を　(d)　しなければならない。この原則は，会計処理をみだりに変更することによる経営者の恣意性を排除し，また，期間ごとの比較可能性を確保することによる利害関係者の意思決定に適切な情報を提供することを目的とする。

問1　本文中の□の中に適当な用語を入れなさい。
問2　下線部(ア)について，どのような例があるかあげなさい。
問3　下線部(イ)について，「正当な理由」について，どのように判断するか説明しなさい。
問4　認められない会計処理から認められる会計処理への変更について，これは継続性の原則に係る問題であるか説明しなさい。

ヒント

問3　財務諸表は企業の実態を開示するものであることに留意する。
問4　この原則が複数の認められた会計処理の選択適用に係ることに留意する。

===== 解答例 =====

問1 (a)原則および手続 (b)みだりに (c)正当な理由 (d)注記

問2 たとえば，棚卸資産の払出原価と期末棚卸資産の価額を算定する評価方法として，個別法，先入先出法，平均原価法，売価還元法からの選択適用が認められており，償却性の固定資産に対する減価償却方法として，定額法，定率法，級数法などが認められている。

問3 会計方針の変更における正当な理由については，①会計方針の変更が企業の事業内容及び企業内外の経営環境の変化に対応して行われるものであること，および②会計方針の変更が会計事象等を財務諸表に，より適切に反映するために行われるものであることがあげられる。

問4 継続性の原則に係らない問題である。継続性の原則は複数の会計処理の原則又は手続きが選択可能な場合に問題となり，設問のように「一般に公正妥当と認められない」会計処理からの変更は，当然の変更として継続性の問題とはならない。

===== 解　説 =====

問3 会計基準等の改正によらない会計方針の変更における正当な理由については，会計上の変更及び誤謬の訂正に関する会計基準の適用指針（企業会計基準適用指針24号）6項を参照のこと。

問4 真実性の原則にあるように，企業会計はそもそも認められた会計処理および原則に準拠してなされることが求められている。

企業会計原則 6　保守主義の原則

次の文章を読んで，下記の設問に答えなさい。

企業会計原則一般原則・六は，「企業の財政に　(a)　な影響を及ぼす可能性がある場合には，これに備えて適当に　(b)　な会計処理をしなければならない。」ことを要請するが，この原則を，通常，　(c)　の原則という。この原則は，企業にとって将来の危険に対して，前もって財務的な安定性を確保するよう，その会計処理や見積りを慎重に行うように要請する。これは利益計算においては，利益を慎重に把握することにより，配当に伴う資金を過大に外部に流出させることを防ぐ意味がある。利益を慎重に計算することは，　(d)　を早めにあるいは多額に計上する処理や見積りを行う（(ア)資産の評価を低く，または負債の評価を高くすることに繋がる）か，(イ)　(e)　を控えめに見積ることになる。

この原則は慎重な判断に基づく会計処理を行うことを求めてはいるが，その適用はあくまで一般に認められた会計原則と適正な会計見積りを前提としたものであり，過度に保守的な会計処理を行うことは禁じられている（企業会計原則注解・注4）。

問1　本文中の　　　の中に適当な用語を入れなさい。
問2　下線部(ア)について，どのような例があるかあげなさい。
問3　下線部(イ)について，どのように例があるかあげなさい。
問4　過度に保守的な会計処理を行ってはならない理由を説明しなさい。

ヒント

問4　真実性の原則との関係に留意する。

―――――――――――――――〈 解答例 〉―――――――――――――――

問1 (a)不利な (b)健全 (c)保守主義 (d)費用 (e)収益

問2 たとえば，資産の評価を低くする処理や見積りとしては，繰延資産として計上することが認められるものについて，支出時に費用として処理する方法がある。また，償却性資産に対する減価償却方法について，定率法および級数法は定額法に対して初期において多額の費用を計上する点で保守的な会計処理といえる。さらには，減価償却の計算における残存価額の見積りについて推測される範囲がある場合に，これを低く見積ることも保守的な処理に結びつく。

　また，負債との関連では，将来の費用又は損失に備えて，合理的な見積額のうち当期の負担に属する部分を引当金に繰り入れる処理も，保守主義の原則の適用例である。

問3 収益の認識基準である実現主義の原則は，財・サービスの提供と対価の確定という会計事実まで収益の認識を行わないという，発生主義に比して慎重な収益認識を行っている点で，保守主義の原則の考え方を反映している。また，割賦販売における収益認識基準として，回収基準又は回収期限到来基準を適用することも保守主義の原則の適用例である。

問4 過度に保守的な会計処理を行うことは，経営者による恣意的な利益操作に繋がりかねず，企業の財政状態及び経営成績の真実な報告をゆがめる可能性を生じさせることになる。ひいては，利害関係者の適切な意思決定を誤らせるような情報を提供することに繋がるおそれがある。したがって，保守主義の原則は，真実性の原則の枠内で適用されるべきものである。

―――――――――――――――〈 解　説 〉―――――――――――――――

問4 企業会計原則注解・注4。

企業会計原則 7 単一性の原則

次の文章を読んで，下記の設問に答えなさい。

企業会計原則一般原則・七は，「 (a) 提出のため， (b) 目的のため， (c) 目的のため等種々の目的のために異なる形式の財務諸表を作成する必要がある場合，それらの内容は，信頼しうる (d) に基づいて作成されたものであって，政策の考慮のために事実の (e) な表示をゆがめてはならない。」ことを要求する。この原則を，通常，単一性の原則という。この原則は，異なる目的のために，(ア)科目名や区分表示などの形式が異なる複数の財務諸表を作成する場合であっても，その記載内容については同一の会計帳簿に基づいて作成することにより，(イ)実質的内容が異なるものであってはならないという，実質一元・形式多元を要請するものである。

問1　本文中の□□□の中に適当な用語を入れなさい。
問2　下線部(ア)について，この原則が求めるところからすれば，会社の決算公告において，官報又は日刊新聞紙に掲載する方法に拠った場合の貸借対照表の要旨による作成は，単一性の原則に反するものといえるか説明しなさい。
問3　下線部(イ)について，「実質的内容が異なる」とはどのような状況を指すのか説明しなさい。

ヒント

問2・3　異なる会計記録によって作成されたものであるか考える。

解答例

問1 (a)株主総会 (b)信用 (c)租税 (d)会計記録 (e)真実

問2 要旨による貸借対照表（および損益計算書）の表示は，形式上，科目・区分等が簡略化されたものであり，資産，負債および純資産の総額や利益額について，株主総会で承認・報告された貸借対照表および損益計算書と内容が異なるものではない。その内容は，同じ信頼しうる会計記録に基づいて作成されており，単一性の原則に反するものではない。

問3 「実質的内容が異なる」とは，複数の財務諸表を作成するために，目的の違いに合わせて，企業の経済的活動に対して異なる会計手続きあるいは処理を適用する会計帳簿を用いることによって，複数作成した財務諸表の会計数値が，異なっていることを指す。このことは，複数の作成した財務諸表について，それぞれが異なった一般に公正妥当と認められた会計原則を適用した場合には，それぞれが真実な表示をゆがめていることになる。

解　説

　単一性の原則は，作成する財務諸表について，提出先や提出方法によって表示形式が異なっているとしても，その記載内容については同一の会計帳簿に基づいて作成することを求めている。

　なお，2009年6月に企業会計審議会から我が国における国際会計基準の取扱いに関する意見書（中間報告）が公表された。その中で，IFRSの適用に向けた課題についても述べられており，任意適用企業について，日本の会計基準適用企業の財務諸表との比較可能性を踏まえたIFRS適用による財務諸表と日本基準によるそれとの並行開示や，連結財務諸表はIFRSによる一方で個別財務諸表へは日本基準を適用するなどの議論が展開されている。この場合には，IFRSと日本基準で処理が異なれば，異なる数値が生み出されることになる。

企業会計原則 8 損益計算書の本質

次の文章を読んで，下記の設問に答えなさい。

　企業会計原則損益計算書原則・一では，損益計算書は企業の　(a)　を明らかにするため，(ア)1会計期間に属するすべての収益とこれに対応するすべての費用とを記載して　(b)　を表示し，(イ)これに特別損益に属する項目を加減して当期純利益を表示しなければならない，と規定している。損益計算書においては，費用及び収益をその　(c)　に従って明瞭に分類し，各収益項目とそれに関連する費用項目とを　(d)　表示させ，損益計算書を営業損益計算，経常損益計算および純損益計算の区分を設けて（損益計算書原則・二）作成することが求められる。また，その作成においては，費用の項目と収益の項目とを直接に相殺することによってその全部又は一部を損益計算書から除去してはならないことが規定されているが，これを　(e)　の原則という。

問1　本文中の　　　の中に適当な用語を入れなさい。

問2　下線部(ア)と(イ)について，損益計算書の役割に関わらしめて，それぞれ（　甲　）主義と（　乙　）主義による損益計算と呼ばれるが，どのような役割が期待されると考えられるか，（　　）に入る言葉を埋めて説明しなさい。

問3　一般事業会社が，同じ財務活動からの取引として分類されることから，受取利息と支払利息を相殺するという判断は適切か説明しなさい。

ヒント

問2　経常損益を示す意義を考える。
問3　相殺することによるデメリットを考える。

解答例

問1 (a)経営成績　(b)経常利益　(c)発生源泉　(d)対応　(e)総額主義

問2　甲‥当期業績　　乙‥包括

　　当期業績主義による損益計算書には，臨時的な項目が排除され，経常的な損益項目のみが計上されるところから，会計期間に反復的な（正常な）事象から生じるものが反映されると考えられ，その純利益の役割は，当該期間の業績評価に役立つと考えられる。

　　包括主義による損益計算書は，特別項目もすべて含めた損益が当期純利益に反映されることから，総合的な企業の業績評価に役立つと考えられている。包括主義による損益計算書のメリットは，経常的か特別かを区分する際の恣意性が排除される点，当期業績主義による損益計算を含みうる点があげられる。

問3　総額主義の原則から認められない。受取利息と支払利息をもたらす経営活動は異なるものであり，企業の経営活動の明瞭な把握の観点からも両者を相殺して表示することは，明瞭性の原則にも反する。

解　説

問2　昭和49年修正以前の企業会計原則では，当期純利益は，営業利益に営業外収益を加え，これから営業外費用を控除して表示されていた。すなわち，49年修正前の「すべての収益と費用」には，特別損益に属する項目は含まれておらず，現行の損益計算書の経常利益が当期純利益となっていた。特別損益に属する項目は，利益剰余金の変動を記載して当期未処分利益剰余金を表示する利益剰余金計算書において，当期純利益とともに当期未処分利益剰余金の計算要素として記載されていた。

問3　企業会計原則損益計算書原則・一・B。

企業会計原則 9 費用・収益の認識

次の文章を読んで，下記の設問に答えなさい。

費用・収益の認識基準として，_(a)_や実現主義がある。_(a)_とは，費用または資産については財貨または役務の経済価値の費消または増加に対して，これらが発生したときに認識を行う。費用の認識としては，_(a)_を採用している。

実現主義は収益の認識基準として採用され，①財貨または役務の_(b)_，②対価として_(c)_の受領，という(ア)2つの要件が満たされた時点で収益を認識する基準である。なお，継続的な役務提供に対する収益認識には時間基準が適用されるが，これは_(a)_の採用と解されている。収益認識に実現主義を採る論拠として，貨幣性資産の裏付けを持った処分可能な利益の算定と，_(a)_に比してより慎重な収益認識が，_(d)_の原則の思考と合致することがあげられる。

(イ)実現主義によって認識された収益と，_(a)_によって認識された費用に期間的なずれがある場合に，対応させることが必要になる。これを費用収益対応の原則という。

問1　本文中の□の中に適当な用語を入れなさい。
問2　下線部(ア)について，どのような時点か説明しなさい。
問3　本文に関連して，未実現収益とは何か説明しなさい。
問4　下線部(イ)について，どのように対応させるか説明しなさい。

ヒント

問3　実現の要件を満たす前の資産の価値変動。
問4　収益に費用を対応，あるいは費用に収益を対応させるのかという視点。

解答例

問1 (a)発生主義 (b)提供(引渡し) (c)貨幣性資産 (d)保守主義

問2 財貨または役務の提供と,対価として貨幣性資産の受領という2つの要件は,具体的には販売の時点で満たされる。したがって,実現主義は,販売基準と呼ばれることがある。

問3 未実現収益は,実現主義の要件を満たしていない財貨または役務の経済価値の増加,すなわち,資金投下して資産として保有中の非貨幣性資産の価値増加分である。

問4 発生主義によって認識された費用のうち,実現収益に対応する期間費用として選び出して対応させることが求められる。また,費用収益対応の原則を,期間費用の認識基準として捉える考え方もある。たとえば引当金については,財貨または役務の価値の費消という発生は満たしていないが,収益に対する費用として,その因果関係に着目して認識すると解される。

解説

問3 企業会計原則損益計算書原則・一・Aは,「・・・。ただし,未実現収益は,原則として,当期の損益計算に計上してはならない。・・・」としている。一般的に未実現収益の排除は,資産評価について取得原価評価と結びつけて説明されることがある。

問4 後段の費用収益対応の原則は,費用の認識基準である発生主義を拡大して,原因発生主義と説明される場合がある。

企業会計原則 10 営業利益

次の文章を読んで，下記の設問に答えなさい。

企業会計原則損益計算書原則・三は，「営業損益計算は，1会計期間に属する売上高と(ア)売上原価とを記載して売上総利益を計算し，これから   (a)   を控除して，営業利益を表示する。」とし，企業が商品等の販売と役務の給付とをともに主たる営業とする場合には，商品等の売上高と役務による営業収益とは，これを区別して記載することを規定している。

企業会計原則注解・注6は特殊な販売契約による収益の実現基準を次のように規定する。①   (b)   については，受託者が委託品を販売した日をもって，従って，決算手続中に仕切精算書（売上計算書）が到達すること等により決算日までに販売された事実が明らかとなったものを売上に計上する※。②   (c)   については，得意先が買取りの意思を表示することによって売上が実現する。③   (d)   については，予約金受取額のうち，決算日までに商品の引渡し又は役務の給付が完了した分だけを当期の売上高に計上する。④割賦販売については，商品等を引渡した日をもって売上収益の実現の日とする。

問1 本文中の   の中に適当な用語を入れなさい。
問2 下線部(ア)について，規定されている表示形式を述べなさい。
問3 割賦販売については，実現主義の適用を原則とするが，その販売の特殊性から異なる認識基準も認められる。その理由と認識基準を説明しなさい。

ヒント

問3 回収期間の長期化によるリスクから，回収時等の収益認識も認められる。

解答例

問1 (a)販売費及び一般管理費 (c)委託販売 (d)使用販売 (e)予約販売

問2 売上原価は，商品又は製品の期首商品たな卸高に当期商品仕入高又は当期製品製造原価を加え，これから商品又は製品の期末商品たな卸高を控除する形式で表示する。

問3 割賦販売に対しては，収益の認識を慎重に行うために販売基準に代えて，現金主義的な性格を持つ割賦金の回収期限の到来の日または入金の日をもって売上収益実現の日とすることも認められる。その理由は，割賦販売は掛売上の一種であるが，代金回収の期間が長期にわたり，かつ，代金を分割で受け取る販売形態である。この場合，代金回収の長期化等による代金回収上の危険率が高いので，貸倒引当金及び代金回収費，アフター・サービス費等の引当金の計上について特別の配慮を要するが，その算定に当っては，不確実性と煩雑さとを伴う場合が多い。したがって，収益の認識を慎重に行う必要性から，回収基準または回収期限到来基準が認められている。

解説

問2 企業会計原則損益計算書原則・三・C，財務諸表等規則75条。

問3 企業会計原則注解・注6。

※ 仕切精算書が販売のつど送付されている場合には，当該仕切精算書が到達した日をもって売上収益の実現の日とみなすことができる。

企業会計原則　11　経常利益

次の文章を読んで，下記の設問に答えなさい。

企業会計原則損益計算書原則・五は，「　(a)　は，営業利益に営業外収益を加え，これから営業外費用を控除して表示する。」としている。損益計算書の区分では，収益・費用を経常的に発生するものとそれ以外に分類し，前者を営業活動によって生ずるものと，(ア)営業外の活動によって生ずるものに分類した上で，営業活動による項目から営業利益を計算し，これに営業活動以外の活動による項目を加減することによって段階的な利益計算を行っている。ここまでで計算される損益は，　(b)　による損益を示すものと解されている。

営業外収益と営業外費用の発生源泉については，特定の対象を媒介とした因果関係はない。収益と費用の対応形態に関しては，(イ)個別的対応と　(c)　対応があるが，営業外費用は売上高あるいは営業外収益と直接的な因果関係を持つものではなく，　(d)　を媒介として対応が関連付けられている。

問1　本文中の　　　の中に適当な用語を入れなさい。
問2　下線部(ア)について，どのような項目があるか例をあげなさい。
問3　下線部(イ)について，個別的対応とはどのような対応か説明しなさい。
問4　損益計算書において，区分を設けて段階的に損益計算をする意義を，経常損益を中心に説明しなさい。

ヒント

問3　売上取引等の特定の事象を媒介として発生する対応項目。
問4　経常損益には，臨時的あるいは異常項目が除かれている。

解答例

問1 (a)経常利益 (b)当期業績主義 (c)期間的 (d)（会計）期間

問2 主として財務活動からの収益および費用が該当する。財務諸表等規則では，営業外収益として受取利息，有価証券利息，受取配当金，有価証券売却益，仕入割引をあげている（90条）。営業外費用としては支払利息，社債利息，社債発行費償却，創立費償却，開業費償却，貸倒引当金繰入額又は貸倒損失（通常の取引に基づいて発生した債権に対するもので，販売費として記載されるものを除く。），有価証券売却損，売上割引があげられる（93条）。

問3 個別的対応とは，たとえば売上高と売上原価のように，特定の財貨又は役務を媒介として直接的にその因果関係を捉えて関連付ける対応をいう。なお，売上高と個別的に対応する費用としては，売上に対して比例的に発生する販売費等において見られる。

問4 現行の損益計算書の当期純利益は，すべての収益・費用の差額として計算される利益であり，包括主義による利益と呼ばれる。これに対して経常損益は，包括主義による当期純利益から臨時的あるいは異常な収益・費用を除くことにより，企業の正常な収益力を示すとされ，当期業績主義による当期純利益を計算しているとされる。

経常損益にいたる段階で，営業損益計算と区分することによって，企業の主たる営業活動からの成果と，主に財務活動・投資活動といった主たる営業活動以外の活動からの成果を区分することにより，企業の業績評価をより適切に行うことができる。

企業会計原則 12 純利益

次の文章を読んで、下記の設問に答えなさい。

　　(a)　計算の区分では、経常利益に(ア)特別利益を加え、特別損失を控除して　(b)　を表示する。　(b)　から当期の負担に属する法人税、住民税および事業税を控除して当期純利益を表示する（損益計算書原則・七、八）。当期の負担に属する法人税、住民税および事業税は、当期の納付すべき額と、税効果会計の適用による　(c)　を区分して表示する（税効果会計基準第3−3）。

　特別利益としては、固定資産売却益や負ののれん発生益など、また、特別損失としては、固定資産売却損、減損損失および災害による損失等などがあげられる。従来、企業会計原則注解・注12において、特別損益項目として、前期損益修正項目（過年度における引当金の過不足修正額等）が掲げられていた。しかし、会計上の変更及び誤謬の訂正に関する会計基準により、それが過去の誤謬の訂正である場合には遡及処理して修正再表示を行うこと、また、会計上の　(d)　の場合では、当該変更が変更期間のみに影響する場合には当該期間に会計処理を行い、当該変更が将来の期間にも影響する場合には将来にわたり会計処理を行うことが規定されている。

問1　本文中の　　　の中に適当な用語を入れなさい。
問2　下線部(ア)について、「特別」とは何か説明しなさい。
問3　経常損益を当期業績主義による損益計算と見ることに対して、現行の損益計算書の当期純利益の位置付けとその意義について説明しなさい。

ヒント

問3　当期純利益は、「包括主義」による損益計算を行っていると言われる。

解答例

問1 (a)純損益 (b)税引前当期純利益 (c)法人税等調整額 (d)見積りの変更

問2 「特別」には，取引が臨時的でありその発生が異常であることがあげられる。経常項目でないものが「特別」項目として位置づけられるとも言え，その区別に明確な規定はされていない。

問3 経常損益までの損益計算を当期業績主義による損益計算と見るのに対して，現行の損益計算書の当期純利益は経常項目のみならず臨時的・偶発的な事象による費用・収益をすべて含めて損益計算を行っていることから，「包括主義」による利益を計算していると言われる。

　現行の企業会計において，包括主義による損益計算書が作成される理由として，以下のような指摘がなされる。第一に，包括主義による当期純利益が企業の長期的な収益力の把握に，一定の役割を持っている。第二に，包括主義による損益計算書においては，区分表示することによって，当期業績主義による損益も表示することが可能である。第三に，消極的な理由であるが，経常項目と特別項目の区別が曖昧になる可能性があり，経営者の恣意性が経常損益の額に影響を与える可能性があり，包括主義による損益計算であればこのような恣意性を排除できる。

解　説

問3 包括主義による純利益と包括利益は異なる。純利益は，特定期間の期末までに生じた純資産の変動額のうち，その期間中にリスクから開放された投資の成果であって，報告主体の所有者に帰属する部分である（概念フレームワーク3章9項）。これに対し，包括利益は特定期間における純資産の変動額のうち，当該企業の純資産に対する持分所有者との直接的な取引によらない部分をいう（包括利益の表示に関する会計基準4項）。

企業会計原則 13 貸借対照表の本質

次の文章を読んで，下記の設問に答えなさい。

企業会計原則貸借対照表原則・一は，「貸借対照表は，企業の (a) を明らかにするため， (b) 日におけるすべての資産，負債及び資本を記載し，株主，債権者その他の利害関係者にこれを正しく表示するものでなければならない。」としている。

資産，負債および純資産は， (c) によって記載することを原則とし，資産の項目と負債又は純資産の項目とを相殺することによって，その全部又は一部を貸借対照表から除去してはならない（貸借対照表原則・一・B）。

貸借対照表では項目を，資産の部，負債の部および純資産の部の3つに分け，さらに資産の部を流動資産，固定資産および繰延資産に，負債の部を流動負債および固定負債に区分して表示する（貸借対照表原則・二）。(ア)流動・固定を分類する基準には， (d) と (e) があり，まず (d) 内にあるものは流動，それ以外の項目について (e) が適用され，範囲内の項目を流動に分類しそれ以外を固定に分類する。

問1　本文中の ☐ の中に適当な用語を入れなさい。
問2　下線部(ア)について，分類する基準を説明しなさい。
問3　流動・固定に分類する意義について説明しなさい。
問4　流動・固定以外に考えられる資産の分類について述べなさい。

ヒント

資産の分類は，資金の流動性，資金の投下回収プロセスあるいは活動目的によって分類することが考えられる。

解答例

問1 (a)財政状態　(b)貸借対照表　(c)総額　(d)営業循環基準　(e)1年基準

問2　営業循環基準とは，企業の主目的たる営業取引による営業循環内にある項目を流動項目とする基準である。この基準により，現金，棚卸資産，循環内にある債権および債務は，流動項目となる。1年基準とは，企業の主目的以外の取引によって生ずる項目について，貸借対照表日の翌日から起算して1年以内に入金又は支払の期限が到来，あるいは前払費用で1年以内に費用化するなど，1年を基準として分類するものである。

問3　流動・固定の分類は現金への転換プロセスあるいは費消までの時間によって判断されており，企業の支払能力の判断に役立つものと捉えられている。原則として，その配列は流動性配列法によるものとされている。

問4　第一に，貨幣性・非貨幣性資産という分類がある。この分類は，資金の投下回収プロセスの観点からの分類である。貨幣性資産は，資金の投下待機および回収段階にある資産であり，非貨幣性資産は投下段階にある資産である。損益計算の観点から，非貨幣性資産は，原則として費用配分によって費用化される資産である。第二に，事業資産と金融資産という分類がある。この分類は，企業の投資の目的によって判断される分類である。

解説

問2　流動項目と固定項目の分類は，企業会計原則注解・注16において定められている。

問3　飯野利夫『財務会計論　三訂版』（同文舘，1993年）等を参照。配列法については，貸借対照表原則・三。

企業会計原則 **14 資産評価**

次の文章を読んで，下記の設問に答えなさい。

企業会計原則貸借対照表原則・五は，「・・資産の価額は，原則として，当該資産の取得原価を基礎として計上しなければならない。資産の取得原価は，(ア)資産の種類に応じた費用配分の原則によって，各事業年度に配分しなければならない」とする。取得原価での計上と各期への [(a)] の配分により，結果としての資産の残高である [(b)] も，取得原価の範疇に含まれると解されている。

概念フレームワークは，取得原価以外にも測定属性を列挙している。市場価格について，購入市場と売却市場が区別されている場合には，[(c)] と(イ)正味実現可能価額がある。割引価値は，「将来キャッシュフローの見積額を何らかの割引率によって測定時点まで割り引いた測定値」であり，将来キャッシュフローの見積りや割引率の改訂の有無によって利用価値，[(d)] を推定するための割引価値などに分類される。(ウ)入金予定額は，「期待される将来キャッシュフローを単純に（割り引かずに）合計した金額」であり，被投資企業の純資産額に基づく額は，「被投資企業の純資産のうち，投資企業の持分に対応する額」である。

問1 本文中の [　] の中に適当な用語を入れなさい。
問2 下線部(ア)について，配分手続きについて，例をあげて説明しなさい。
問3 下線部(イ)について，用語を説明しなさい。
問4 下線部(ウ)について，どのような資産に適用されるか説明しなさい。

ヒント

問4 入金予定額は，回収可能見込額を指すことが多い。

―――――――――――――< 解答例 >―――――――――――――

問1　(a)費用（原価）　(b)未償却原価　(c)再調達原価　(d)市場価格

問2　費用配分の具体的な手続きは，資産の種類によって異なる。たとえば，棚卸資産については，棚卸資産の数量計算と金額計算（払出単価）を掛けあわせることによって，期末棚卸高と売上原価を把握する。数量計算には，継続記録法と棚卸計算法がある。また，払出単価の金額計算には，個別法，先入先出法，平均法，売価還元法などがある。

　　　有形固定資産の償却資産については，減価償却の手続きが適用される。減価償却には，期間を配分基準とする方法と生産高を配分基準とする方法がある。

問3　正味実現可能価額とは，売却市場で成立している価格から見積販売経費（アフター・コストも含む。）を控除したものをいう。

問4　入金予定額は，債権の契約上の元本についての回収可能見込額を指すことが多い。したがって，入金予定額は，通常，債権に対して適用される資産の測定といえる。なお，回収可能見込額とは，貸倒引当金が設定されている場合の，元本から当該金額を控除した金額である。

―――――――――――――< 解　説 >―――――――――――――

問3　概念フレームワーク4章17項。
問4　概念フレームワーク4章26項。

企業会計原則 15 流動資産

次の文章を読んで，下記の設問に答えなさい。

流動資産には，次のものが属するものとする。現金及び預金（ただし，   (a)   に期限の到来しない預金を除く。），(ア)企業の主目的たる営業取引により発生した債権，売買目的有価証券及び   (a)   に満期の到来する有価証券，棚卸資産，その他の資産で1年以内に現金化できると認められるもの，経過勘定である   (b)   で1年以内に費用となるべきものおよび   (c)   などが，これに該当する。

流動資産に属する債権は，取引先との通常の商取引上の債権とその他の債権とに区別して表示しなければならない。また，企業の主目的たる営業取引により発生した債権のうち，破産債権，更生債権及びこれに準ずる債権で1年以内に回収されないことが明らかなものは，固定資産たる投資その他の資産に属するものとする（企業会計原則注解・注16）。債権に対する貸倒引当金の表示方法については，その債権が属する   (d)   に控除する形式で表示することを原則とするが，次の方法によることも認められる（企業会計原則注解・注17）。

① 2以上の科目について，貸倒引当金を一括して記載する方法
② 貸倒引当金を控除した残額のみを記載し，当該貸倒引当金を   (e)   する方法

問1 本文中の   の中に適当な用語を入れなさい。
問2 下線部(ア)について，どのような項目があるか述べなさい。
問3 受取手形期末残高200,000円，売掛金期末残高150,000円でそれぞれの貸倒見積高が3％，4％である場合の表示形式を示しなさい。

--- 解答例 ---

問1　(a)1年以内　(b)前払費用　(c)未収収益　(d)科目ごと　(e)注記

問2　受取手形，売掛金，前払金が考えられる。なお，主目的たる営業取引以外の取引から生じる債権としては，短期貸付金，営業外受取手形，未収金等が考えられる。

問3

原則による方法	受 取 手 形	200,000	
	貸倒引当金	−6,000	194,000
	売 掛 金	150,000	
	貸倒引当金	−6,000	144,000

前頁①による方法	受 取 手 形	200,000	
	売 掛 金	150,000	
	貸倒引当金	−12,000	338,000

| 前頁②による方法 | 受 取 手 形 | ※1 | 194,000 |
| | 売 掛 金 | ※2 | 144,000 |

　　注記事項

　　※1　貸倒見積額6,000円が控除されている。

　　※2　貸倒見積額6,000円が控除されている。

--- 解　説 ---

問3　財務諸表等規則20条2項は，②法について，「当該引当金は当該各資産科目別に又は一括して注記しなければならない」としていることから，※1と※2を併せて「受取手形および売掛金について，12,000円が控除されている」と注記する方法もある。

企業会計原則 16 固定資産

次の文章を読んで，下記の設問に答えなさい。

固定資産は1年を超えて使用または保有する資産であり，(ア)有形固定資産，無形固定資産および [(a)] に区分される（企業会計原則貸借対照表原則・四・(一)・B）。

有形固定資産の取得原価について，連続意見書第三等は次のように示す。

① 購　　入　（購入代金 − [(b)] − 割戻し）＋ 付随費用
② 自家建設　適正な [(c)] に従った製造原価。建設に要する借入資本の利子で稼働前の期間に属するものは，取得原価に算入することができる。
③ 現物出資　発行した株式の時価（＝受け入れた固定資産の公正な評価額）
④ 交　　換　固定資産と交換した場合は自己所有の当該資産の適正な [(d)]。有価証券と交換した場合は当該有価証券の [(e)] 又は適正な簿価
⑤ 贈　　与　時価等を基準とした公正な評価額

なお，国庫補助金等で取得した場合，取得原価から国庫補助金等を控除することができる。その際の貸借対照表での表示は，取得原価から国庫補助金等に相当する金額を控除する形式と，控除した残額のみ記載し国庫補助金等の金額を注記する方法のいずれかによる（企業会計原則注解・注24）。

問1　本文中の [　] の中に適当な用語を入れなさい。
問2　下線部(ア)について，償却性の有無の観点から分類しなさい。
問3　無償取得の土地を登記費用のみ資産計上した処理は適切か述べなさい。

●ヒント●

問3　無償で取得した資産については公正な評価額をもって取得原価とする。

解答例

問1　(a)投資その他の資産　(b)値引　(c)原価計算基準　(d)簿価　(e)時価

問2　償却性に鑑みて，有形固定資産は償却性資産と非償却性資産に分類できる。償却性資産には，減価償却が適用される建物，構築物，車両運搬具等のほか，取替法や減耗償却が適用される資産が当てはまる。非償却性資産には，土地が該当する。なお，建設仮勘定は完成前の建設工事に係る支出額を記帳する勘定であり，収益獲得に供用されているものではないため，償却されない。

問3　贈与によって取得した有形固定資産については，支払対価がないことから取得原価をゼロとする考え方と，無償で取得した場合でも受け入れた資産の時価で評価すべきとする考え方がある。企業会計原則上，無償取得，すなわち贈与によって取得した土地については，公正な評価額によって計上するとされている。したがって，登記に要した支出額のみで資産計上することは適切とはいえない。登記にかかった支出額があるのであれば，贈与された土地の公正な評価額に当該支出額を加算して計上することになる。

解説

問2　減価償却は，事業活動の収益獲得に供された資産のうち，使用または時の経過に応じて減価するものに行れるので土地は非償却性資産となる。建設仮勘定は収益獲得に供されていない。

問3　企業会計原則貸借対照表原則・五・Fおよび連続意見書第三・第一・四。

企業会計原則 17　固定資産の減価償却

次の文章を読んで，下記の設問に答えなさい。

減価償却は，有形固定資産に対して「当該資産の　(a)　にわたり，定額法，定率法等の一定の減価償却の方法によって，その　(b)　を各事業年度に配分」（企業会計原則貸借対照表原則・五）する手続きである。減価償却は所定の方法に従い，計画的，　(c)　に実施されねばならない。これを(ア)正規の減価償却という。

減価償却の方法について，　(d)　を配分基準とする下記①，②および③と，生産高を配分基準とする④がある（企業会計原則注解・注20，連続意見書第三・第一・六）。

① 定額法　毎期均等額の減価償却費を計上する方法
② (イ)定率法　毎期期首　(e)　残高に一定率を乗じた減価償却費を計上する方法
③ 級数法　毎期一定の額を算術級数的に逓減した減価償却費を計上する方法
④ 生産高比例法　生産又は用役の提供の度合に比例した減価償却費を計上する方法（当該資産の総利用可能量が物理的に確定でき，上記の合理性を前提）

　　減価償却累計額は(ウ)科目ごとに控除する形式で表示することを原則とする。

問1　本文中の　　　　の中に適当な用語を入れなさい。
問2　下線部(ア)について，その意義を説明しなさい。
問3　下線部(イ)について，定額法と比した特徴を述べなさい。
問4　下線部(ウ)について，他の認められる方法について述べなさい。

ヒント

問2　減価償却費の任意の増減は損益計算をゆがめてしまう。
問3　定率法による計算は費用額を逓減させる。

解答例

問1 (a)耐用期間 (b)取得原価 (c)規則的 (d)期間 (e)未償却

問2 減価償却の最も重要な目的は，適正な費用配分を行うことによって，毎期の損益計算を正確に行うことにある。したがって，経営者の恣意性によって減価償却費を任意に増減させることは認められない。このような恣意性を排除するために，正規の減価償却を実施することが求められている。

問3 定率法はその計算方法により，初期に多額の減価償却が行われ，漸次，費用額が逓減していく。このため，定額法に比して取得減価が早く費用化することになる。このことから，定率法はしばしば，保守主義の原則の思考と合致するとの指摘や，当該有形固定資産の使用の後期に発生するであろう修繕費を加えた費用負担の期間ごとの平準化に繋がるとの指摘がある。

問4
(1) 2以上の科目について，減価償却累計額を一括して記載する方法
(2) 有形固定資産について，減価償却累計額を控除した残額のみを記載し，減価償却累計額を注記する方法

(1)の方法によれば次のとおりである。

建　　　物	200,000	
機 械 装 置	150,000	
減価償却累計額	－70,000	280,000

解説

問2 連続意見書第三・第一・一。
問4 企業会計原則注解・注17。

企業会計原則 18 繰延資産

次の文章を読んで，下記の設問に答えなさい。

将来の期間に影響する特定の費用は，「既に代価の支払が完了し又は支払義務が確定し，これに対応する (a) を受けたにもかかわらず，その (b) が将来にわたって発現するものと期待される費用」であり，これらの費用は，「その効果が及ぶ数期間に合理的に (c) するため，経過的に(ア)貸借対照表上繰延資産として計上することができる。」（企業会計原則注解・注15）と規定される。

繰延資産実務対応報告は，株式交付費，社債発行費，創立費，開業費および開発費を列挙する。

繰延資産の計上は容認規定であり，原則として (d) 時に費用処理する。繰延資産として計上した場合の償却は，年数ではなく (e) を基準として行い，支出の効果が期待されなくなった繰延資産はその未償却残高を一時に償却する。

問1 本文中の ☐ の中に適当な用語を入れなさい。
問2 下線部(ア)について，論拠を述べなさい。
問3 償却性資産と比した繰延資産の特徴について説明しなさい。
問4 繰延資産と前払費用の違いについて説明しなさい。

ヒント

問2 効果の発現が期待される。
問3 繰延資産には具体的形態と換金能力がない。
問4 繰延資産はすでに役務の提供を受けている。

解答例

問1 (a)役務の提供 (b)効果 (c)配分 (d)支出 (e)月数

問2 繰延資産が計上できる根拠は，支出もしくは役務の有する効果が，当期だけでなく次期以降にわたって発現すると期待される場合に，その事実を重視して効果の及ぶ期間にわたり，費用として配分することにある。

問3 償却性資産と繰延資産との差異については，実物財としての具体的形態の有無と換金能力の有無がある。償却資産は建物，車両運搬具等の具体的な形態を持っているが，繰延資産の資産計上を支える根拠は「効果の存続」であり，具体的形態はない。また，一般に償却性資産は換金能力を持つのに対して，繰延資産は換金能力を持たない。一方，両方に共通する性質としては，収益に賦課される費用として数期間にわたって費用化，すなわち，償却されていく点がある。

問4 前払費用も繰延資産も，次期以降の損益計算において費用として計上され，また，すでに代価の支払が行われていることも共通している。その違いは，「前払費用は，一定の契約に従い，継続的に役務の提供を受ける場合において，ある期間中に，いまだに役務の提供を受けていないにもかかわらず，これに対して支払われた対価を意味している」と指摘されるように，前払費用は役務の提供を受けていないが，一方，繰延資産は，役務そのものはすでに提供されている場合に生ずるという違いがある。

解説

問3 次期以降に費用配分されるという共通点を持つ一方，繰延資産は実物財としての具体的形態と換金能力をもたない。

問4 連続意見書第五・第一・二。

企業会計原則 19 流動負債

次の文章を読んで，下記の設問に答えなさい。

負債は企業会計原則上，資産と同様に，　(a)　負債に属する負債と　(b)　負債に属する負債とに区別する。分類には，まず　(c)　基準が，次に　(d)　基準が適用される。すなわち，支払手形，買掛金，前受金等の当該企業の主目的たる営業取引により発生した債務は流動負債に属する。主目的の取引以外の取引から生じた借入金，未払金等の債務で，貸借対照表日の翌日から起算して1年以内に支払の期限が到来するものは流動負債に属し，1年をこえて到来するものは，固定負債に属する（企業会計原則注解・注16）。経過勘定項目について，　(e)　および(ア)前受収益は流動負債として区分する。引当金のうち，通常1年以内に使用される見込のものも流動負債とする。

債務のうち，(イ)役員等企業の内部の者に対するものと親会社又は子会社に対するものは，特別の科目を設けて区別して表示し，又は注記の方法によりその内容を明瞭に示さなければならない（企業会計原則貸借対照表原則・四・(2)・C）。

問1　本文中の　　　　　の中に適当な用語を入れなさい。
問2　下線部(ア)前受収益について説明しなさい。
問3　下線部(イ)について，どのようなものを指すか説明しなさい。
問4　固定資産等の物品購入および借入れに伴って発生した手形債務の項目区分について説明しなさい。

ヒント

問4　営業取引以外の取引による手形債務は，支払手形とは別掲する。

解答例

問1　(a)流動　(b)固定　(c)営業循環　(d) 1 年　(e)未払費用

問2　前受収益は，一定の契約にしたがって継続して役務を提供する場合，まだ提供していない役務に対して受領した対価をいう。このような役務に対する対価は，時間の経過とともに次期以降の収益となるものであり，これを当期の損益計算から除去するとともに貸借対照表の負債の部に計上することになる。

問3　財務諸表等規則は短期借入金等の短期債務を区分掲記することに関して，株主，役員もしくは従業員からのものを，その金額が負債および純資産の合計額の100分の 1 を超えるものについて，掲記するとしている。

問4　支払手形は通常の取引に基づいて発生した手形債務であり，仕入先との間に発生した営業取引に関する手形債務をいう。固定資産等の物品購入によって発生した手形債務は，区別を示す名称を付した科目をもって掲記するとしている。借入れに伴った手形債務は手形借入金勘定で処理する金融手形であるが，項目区分においては短期借入金に含まれる。

解 説

問2　企業会計原則注解・注 5 。受注工事や受注品等の対価の前受分である前受金とは区別しなければならない。

問3　財務諸表等規則50条。

問4　財務諸表等規則ガイドライン47-6。
　　　財務諸表等規則49条および同ガイドライン49-1-3。

企業会計原則 20 引当金

次の文章を読んで，下記の設問に答えなさい。

適正な期間損益計算を行うために，　(a)　に対して当期の負担すべき期間費用を合理的に対応させる必要がある。このことから，費用の認識については財貨または役務の経済的価値の費消のみならず，将来の特定の費用または損失のうち，規定された要件を満たすものを当期の費用として見積計上するとともに引当金に繰入れるものとしている。

企業会計原則注解・注18は，引当金の設定要件について，次のように述べている。

①将来の特定の費用又は損失であって，②その発生が　(b)　の事象に起因し，③　(c)　の可能性が高く，かつ，④その金額を合理的に見積ることができる。

この繰入れ費用の認識は，発生主義による費用認識とは別に，費用収益対応の原則あるいは発生主義を拡大した　(d)　主義の観点から言及される。

引当金は，資産の控除たる性質を持つ評価性引当金と，将来の経済的価値の流出をもたらす　(e)　引当金に分類される。　(e)　引当金には，法的債務性はないが費用収益対応の観点から計上される会計的負債と呼ばれる引当金がある。

問1　本文中の□□□の中に適当な用語を入れなさい。
問2　未払費用と引当金の違いを説明しなさい。
問3　会計的負債とはどのような負債か，説明しなさい
問4　偶発債務と引当金の違いを説明しなさい。

ヒント

問4　企業会計原則注解・注18の要件「発生の可能性が高く」ない場合。

―― 解答例 ――

問1　(a)期間収益　(b)当期以前　(c)発生　(d)原因発生　(e)負債性

問2　未払費用および引当金ともに，当期の負担に属する費用を計上するとともに，当期中の金銭等の支払いがない点は共通している。しかし，未払費用は，一定の契約にしたがってすでに役務の提供を受けている一方，引当金は具体的な役務の提供を受けていない。引当金は，当期中の役務の費消ではなく，将来の経済的価値の減少の原因が，収益獲得活動に照らして発生しているとみて計上することに，その根拠がある。

問3　引当金の多くは，将来の一定の条件が発生した場合に法的な義務となる条件付債務である。これに対して，将来の費用または損失が，条件付債務である法的な義務に基づかない引当金がある。修繕引当金，特別修繕引当金をその典型とする引当金は，法的な債務性ではなく企業会計原則注解・注18を満たす性質によって企業会計上で認識されることから，会計的負債と呼ばれる。

問4　偶発債務とは，現実に発生していない債務で，将来において事業の負担となる可能性のあるものをいう。引当金の要件のうち，発生の可能性が低い場合には，当該項目は引当金として負債計上されずに偶発債務として位置づけられる。偶発債務は負債として計上されず，その内容および金額が注記される。偶発債務には，手形の割引高又は裏書譲渡高，保証債務等の偶発債務，係争事件に係る賠償義務などがある。

―― 解　説 ――

問3　企業会計原則注解・注18によれば法的債務性がない引当金も計上される。

問4　企業会計原則注解・注18，財務諸表等規則58条。

企業会計原則 21 固定負債

次の文章を読んで，下記の設問に答えなさい。

企業会計原則貸借対照表原則・四・(2)・Bは，「社債，長期借入金等の [(a)] 債務は，固定負債に属する」とし，また，「引当金のうち，・・，(ア)通常1年をこえて使用される見込のものは，固定負債に属する」とする。債務のうち，役員等企業の内部の者に対するもの等について別に掲記することは流動負債と同様である。

企業会計原則上，負債の評価は規定されていない。これは確定債務については契約による [(b)] 額，経過勘定項目は収支と [(c)] 基準によって認識される収益・費用との差額として，また，引当金は費用の計上に伴って決まることから，特段の規定が設けられなかったと考えられる。一方，今日，様々な評価基準が出現し，概念フレームワーク4章は，支払予定額，現金受入額，割引価値，市場価格の4つの評価基準を示す。支払予定額は一般に債務の契約上の元本額であり，現金受入額は財貨・役務を提供する [(d)] の見返りに受領した現金又は現金同等物の金額である。割引価値は，将来 [(e)] の見積額を何らかの割引率によって測定時点まで割り引いた測定値であり，いくつかに分類※される。

問1 本文中の [   ] の中に適当な用語を入れなさい。
問2 下線部(ア)について，例示しなさい。
問3 償還日が期末より1年以内となった社債の記載について説明しなさい。

ヒント ....

問3 1年基準の適用。

―――――――――――――――――――〈 解答例 〉―――――――――――――――――――

問1　(a)長期　(b)債務　(c)時間　(d)義務　(e)キャッシュフロー

問2　退職給付引当金および特別修繕引当金が例示される。企業会計原則注解・注18に列挙されている引当金について，たとえば製品保証引当金のように，1年を超える保証契約期間が設定されており，1年を超えた期間に保証費用の発生が予期される場合には，固定負債として区分されることになる。

問3　社債は長期債務として固定負債に属するものとされるが，1年基準の適用によって流動負債と固定負債に区別して記載する。すなわち，期末の社債残高のうち，1年以内に償還日が到来するものは流動負債に計上し，1年を超えて償還期日が到来するものについては固定負債に計上される。

―――――――――――――――――――〈 解　説 〉―――――――――――――――――――

問2　企業会計原則貸借対照表原則・四・(2)・B。

※　負債の割引価値について，概念フレームワーク4章34項-42項によれば，次のように図示できる。

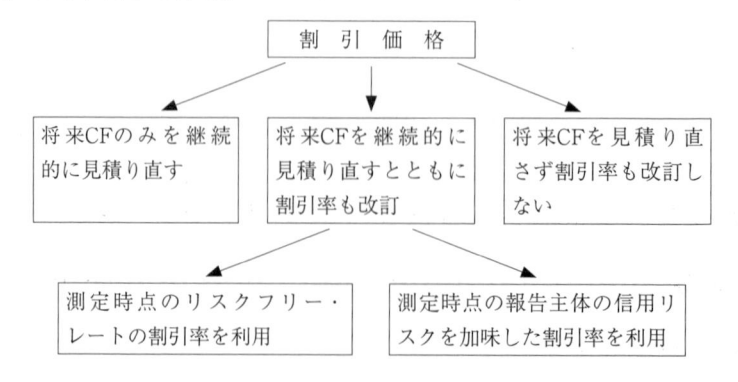

```
                    割 引 価 格
        ┌──────────┼──────────┐
        ↓              ↓              ↓
  将来CFのみを継続   将来CFを継続的に   将来CFを見積り直
  的に見積り直す     見積り直すとともに さず割引率も改訂し
                    割引率も改訂       ない
        ↓              ↓
  測定時点のリスクフリー・  測定時点の報告主体の信用リ
  レートの割引率を利用      スクを加味した割引率を利用
```

企業会計原則 22 計算問題：減価償却

問題1 資料から下記の設問について答えなさい。

なお，会計期間はX3年4月1日からX4年3月31日である。

〈資料1〉

決算整理前残高試算表　（一部）
X4年3月31日　　　　（単位：円）

建	物	(a)	建物減価償却累計額	54,000
備	品	200,000	備品減価償却累計額	(b)
車	両	100,000	車両減価償却累計額	(c)

〈資料2〉　決算整理事項　有形固定資産の減価償却は次の通りである。

① 建物はX1年4月1日に取得し，耐用年数30年，残存価額は取得原価の10％として定額法によって償却。

② 備品はX2年4月1日に取得し，年償却率20％の定率法によって償却。

③ 車両はX2年4月1日に取得し，下記に基づき生産高比例法によって償却。

　1）残存価額：取得原価の10％　　　2）予想総利用時間：30,000時間

　3）実際利用時間：X2年4月1日～X3年3月31日　2,500時間

　　　　　　　　　X3年4月1日～X4年3月31日　3,000時間

問1 　　　　内の金額を，推定しなさい。

問2 当期末の当該資産と減価償却累計額について原則的な表示を示しなさい。

ヒント

当該期間，取得日および減価償却方法を確認する。

問題2 以下の取引の仕訳を示しなさい。

期首に国庫補助金300万円の交付を受け当座預金に預入れた。機械800万円を取得し，代金は小切手を振り出して支払った。決算日に圧縮記帳（直接減額方式）を行い，定額法（残存価額：0，耐用年数：10年）で減価償却を行った。仕訳は問1〈交付時〉，問2〈取得時〉，問3〈決算時〉に関して行いなさい。

―――――――――――――――――< 解答例 >―――――――――――――――――

問題1

問1 (a) 900,000　(b) 40,000　(c) 7,500

問2 建物，備品，車両の各償却費は27,000円，32,000円，9,000円となる。

建　　　　　物	900,000	
建物減価償却累計額	－81,000	819,000
備　　　　　品	200,000	
備品減価償却累計額	－72,000	128,000
車　　　　　両	100,000	
車両減価償却累計額	－16,500	83,500

問題2

問1	(借) 当 座 預 金	300	(借) 国 庫 補 助 金	300		
問2	(借) 機　　　　械	800	(借) 当 座 預 金	800		
問3	(借) 機 械 圧 縮 損	300	(借) 機　　　　械	300		
	減 価 償 却 費	50	減価償却累計額	50		

―――――――――――――――――< 解　説 >―――――――――――――――――

問題1　それぞれ取得年度から考察する。

(a) 建物の決算整理前の減価償却累計額54,000円から1年間の減価償却費は27,000円である。取得原価をxとすると（x－0.1 x）÷30年＝27,000

(b) 決算整理前の備品減価償却累計額＝前年度の減価償却費

　　　　200,000×20％＝40,000

(c) 決算整理前の車両減価償却累計額＝前年度の減価償却費

　　　（取得原価－残存価額）×前年度実際利用時間÷予想総利用時間

企業会計原則 23 計算問題：収益の認識

下記の資料から，特殊商品売買に関して実現した売上収益を求めなさい。
（会計期間はX1年1月1日～X1年12月31日とする。）
〈資料〉
(1) 委託販売については，原則的な基準で収益を認識している。
　① 委託販売のため，商品500,000円（売価）を受託者に送付した。
　② ①の商品につき，期中に仕切精算書（売上高300,000円）が到達した。
　③ ①の商品につき，決算手続中に仕切精算書（売上高100,000円　販売日X1年12月25日）が到達した。
　④ ①の商品につき，決算手続中に仕切精算書（売上高100,000円　販売日X2年1月4日）が到達した。
(2) 試用販売
　① 試用販売のため，商品（原価300,000円）を得意先に送付した。なお，この商品には，利益率25％を設定している。
　② 得意先から送付してある商品のうち6割について，買取りの通知を受けた。
(3) 予約販売
　① 商品の予約注文があり，現金240,000円の予約金を現金で受け取った。商品は12回（各回の売価20,000円）に分けて引き渡すことになっている。
　② 決算日現在で予約販売の商品のうち，8回まで商品の発送が完了している。
(4) 割賦販売については，収益の認識基準として回収基準を採用している。記帳方法は対照勘定法を用いている。なお，貸倒等はないものとする。
　① 対照勘定の前期繰越高は100,000円である。
　② 割賦での商品引渡高は600,000円である。
　③ 対照勘定の期末残高は150,000円である。

―――――――――――< 解答例 >―――――――――――

売上収益　　1,270,000円
(1)委託販売　　400,000円　　(2)試用販売　　240,000円
(3)予約販売　　160,000円　　(4)割賦販売　　550,000円

―――――――――――< 解　説 >―――――――――――

(1) 原則的な処理では，委託販売による売上収益の実現については，受託者が委託品を販売した日をもって実現したものと認められる（企業会計原則注解・注6(1)）。したがって，決算手続中に仕切精算書が到達し決算日までに販売の事実が明らかになったものについては，売上収益に計上する。本設問では，②および③の仕切精算書記載の販売日が決算までのものであり，実現収益として認識する。

(2) 試用販売による売上収益は，販売先からの買取りの意思表示があった時点で，実現したものとする（企業会計原則注解・注6(2)）。本設問による①で試用のために送付した商品の売価は400,000円（利益率は25％なので原価率は75％であり，売価＝原価÷0.75で算出）であり，そのうち6割（240,000円）につき買取りの意思表示があった。

(3) 予約販売による売上収益は，商品の引渡しまたは役務の給付が完了したことをもって実現の要件を満たす（企業会計原則注解・注6(3)）。したがって，予約金受取額のうちの，8回の発送分のみが売上収益として認識される。

(4) 割賦販売における回収基準とは，売上収益の認識を割賦金の入金の日をもって実現したものとする基準である。本設問では，対照勘定法を用いて処理していることから，対照勘定の（前期繰越高＋当期割賦商品の引渡高－対照勘定の期末残高）が現金回収分となる。なお，原則として，割賦販売については，商品を引渡した日をもって売上収益の実現の日とする。この原則によった場合には，売上収益は600,000円となる。

3 棚卸資産会計基準

棚卸資産会計基準 1 棚卸資産の意義

次の文章を読んで，下記の設問に答えなさい。

(ア)棚卸資産は，商品，製品，半製品，原材料，仕掛品等の資産であり，企業がその [(a)] を達成するために所有し，かつ，[(b)] する資産のほか，[(b)] しない資産であっても，販売活動及び一般管理活動において [(c)] に消費される事務用消耗品等も含まれる。なお，売却には，通常の販売のほか，活発な市場が存在することを前提として，棚卸資産の保有者が単に [(d)] により利益を得ることを目的とするトレーディングを含む。

問1 本文中の [　　] の中に適当な用語を入れなさい。
問2 下線部(ア)の棚卸資産について，以下の(1)から(4)に該当する主な科目をそれぞれ具体的にあげなさい。
 (1) 通常の営業過程において販売するために保有する財貨又は用役
 (2) 販売を目的として現に製造中の財貨又は用役
 (3) 販売目的の財貨又は用役を生産するために短期間に消費されるべき財貨
 (4) 販売活動および一般管理活動において短期間に消費されるべき財貨
問3 上記(4)を棚卸資産に含めることについて論じなさい。

ヒント

問3 棚卸資産とは，主に営業目的を達成させるために販売を予定する資産をいう。しかし，(4)については販売を予定していない資産も含まれる。

解答例

問1 (a)営業目的 (b)売却を予定 (c)短期間 (d)市場価格の変動

問2 (1) 商品，製品

(2) 半製品，仕掛品，未成工事支出金

(3) 原材料，工場消耗品

(4) 包装用品，事務用消耗品，荷造用品

問3 (4)に該当するもののうち事務用消耗品のような資産については，販売活動や一般管理活動において短期的に消費されるが，直接的に商品や製品あるいはそれらの一部として販売が予定されているわけではない。そのため，これらの資産を棚卸資産に含めると，棚卸資産の概念的統一性を欠くという問題点が指摘できる。

解　説

　棚卸資産会計基準において，棚卸資産の範囲は，原則として，連続意見書第四における考え方を踏襲している。そのため，問題にもあるように(4)の販売活動および一般管理活動において短期間に消費されるべき財貨を棚卸資産の範囲に含めている点が，国際的な会計基準との相違点として指摘されることがある。(4)の販売活動および一般管理活動において短期間に消費されるべき財貨には，大きく分けて，包装用品のように製品などの実体の一部を構成して販売される財貨と，事務用消耗品などのように販売活動や一般管理活動において消費されるが直接的に販売されることのない財貨とがある。前者は(1)から(3)に該当する棚卸資産と同様に直接的な販売を目的として所有されるが，後者は販売されるわけではない。そのため，後者を棚卸資産に含めると，販売目的という要件を満たさないため，棚卸資産の概念的な統一性が損なわれることとなる。しかし，現行制度では，短期的に消費される点や実務上の便宜が考慮され，棚卸資産に含まれている。

棚卸資産
会計基準 **2　棚卸資産の評価方法(1)**

次の文章を読んで，下記の設問に答えなさい。

(ア) 個別法とは，　(a)　の異なる棚卸資産を区別して記録し，その個々の　(b)　によって期末棚卸資産の価額を算定する方法である。個別法は，(c)　が強い棚卸資産の評価に適した方法である。

(イ) 先入先出法とは，最も　(d)　取得されたものから順次払出しが行われ，期末棚卸資産は最も　(e)　取得されたものからなるとみなして期末棚卸資産の価額を算定する方法である。

問1　本文中の　　　の中に適当な用語を入れなさい。
問2　棚卸資産の取得原価の決定方法について説明しなさい。
問3　下線部(ア)，(イ)に関して，棚卸資産の評価方法について説明しなさい。
問4　棚卸資産の評価方法である後入先出法の問題点について下線部(ア)の先入先出法と比較しながら，説明しなさい。

ヒント

問2　取得原価＝購入代価＋付随費用－仕入戻し・仕入値引・仕入割戻
問3　評価方法とは，売上原価等の払出原価の決定と期末における棚卸資産の貸借対照表価額を算定するための方法を意味する。棚卸資産会計基準においては4つの方法の適用が認められている。
問4　後入先出法は，連続意見書第四では評価方法として適用が認められていたが，棚卸資産会計基準では適用可能な評価方法から除外されている。

> 解答例

問1 (a)取得原価 (b)実際原価 (c)個別性 (d)古く (e)新しく

問2 棚卸資産を購入した場合，原則として購入代価又は製造原価に引取費用等の付随費用を加算して取得原価とする。仕入戻し，仕入値引，仕入割戻は，その金額を控除して取得原価を算定する。自社生産の製品等は，適正な原価計算基準に準拠して算定された製造原価を取得原価とする。

問3 棚卸資産の評価方法とは，売上原価等の払出原価と期末棚卸資産の価額の算定方法をいう。棚卸資産会計基準では，個別法，先入先出法，平均原価法，および売価還元法が認められている。棚卸資産の評価方法は，事業の種類，棚卸資産の種類，その性質及びその使用方法等を考慮した区分ごとに選択し，継続して適用しなければならない。

問4 物価変動期を前提とすると，先入先出法では払出価額を古い単価で算定するので購入から販売までに生じる保有損益が当期の損益に含まれるが，後入先出法では払出価額を新しい単価で算定するので収益と費用の同一水準での対応が可能になる。一方，期末棚卸資産の貸借対照表価額は，先入先出法では期末近くに取得した単価で算定するので最近の再調達原価に近くなるが，後入先出法では古い単価で算定するので最近の再調達原価と乖離するという問題がある。また，期首在庫量が期末在庫量を下回る場合，後入先出法では保有損益が当期の損益に計上されるため，購入量を調整することで恣意的な保有損益の損益計上が可能となるという問題，後に仕入れたものから先に払い出すという仮定が棚卸資産の実際の流れを忠実に表現していないという問題もある。

> 解説

上述のような問題点や国際的な会計基準において認められていない点を考慮して，後入先出法は選択可能な評価方法から除かれている。

3 棚卸資産の評価方法(2)

次の文章を読んで，下記の設問に答えなさい。

平均原価法とは，取得した棚卸資産の (a) を算出し，この (a) によって期末棚卸資産の価額を算定する方法である。なお， (a) は，(ア)総平均法又は(イ)移動平均法によって算出する。

(ウ)売価還元法とは， (b) の類似性に基づく棚卸資産のグループごとの期末の売価合計額に， (c) を乗じて求めた金額を期末棚卸資産の価額とする方法である。売価還元法は，取扱品種の極めて多い (d) の業種における棚卸資産の評価に適用される。

棚卸資産の評価方法は，事業の種類，棚卸資産の種類，その性質及びその使用方法等を考慮した区分ごとに選択し， (e) して適用しなければならない。

問1 本文中の ◻ の中に適当な用語を入れなさい。
問2 下線部(ア)の総平均法について説明しなさい。
問3 下線部(イ)の移動平均法について説明しなさい。
問4 下線部(ウ)の売価還元法について説明しなさい。

ヒント

問2・問3 総平均法と移動平均法とは平均原価の算定方法において異なる。

問4 売価還元法は取得原価に基づき払出原価および棚卸資産の期末貸借対照表価額を算定するのではなく，売価を基礎としてそれらを算定する点に特徴があり，小売店等の実務上の煩雑さを緩和するための簡便法でもある。

解答例

問1　(a)平均原価　(b)値入率等　(c)原価率　(d)小売業等　(e)継続

問2　総平均法とは，決算期末において当期に取得した棚卸資産の総平均原価を算出し，この平均原価で期末棚卸資産の価額を算定する方法である。

問3　移動平均法とは，新たに棚卸資産を取得する都度，在庫する棚卸資産の平均原価を算出し，この平均原価で期末棚卸資産の価額を算定する方法である。

問4　売価還元法は，1品目ごとの単位原価により棚卸資産の評価が困難な取扱品種のきわめて多い小売業及び卸売業等において認められる方法である。売価還元法では，値入率等の類似性に基づく棚卸資産グループごとの期末売価合計額に，原価率を乗じた金額を期末棚卸資産の価額とする。

解　説

　棚卸資産の評価方法には大別して口別法と平均法がある。口別法は，製造口や仕入口が異なる製品や商品ごとに単価を記録し，他の製品等とは区別して貸借対照表価額を算定する個別法や先入先出法などの総称である。一方，平均法は，異なる製造口や仕入口でも，全体としての平均値や基準値を算出して貸借対照表価額を算定する平均原価法や売価還元法のような方法の総称である。

　売価還元法では，商品の形状，性質，等級等の相違などといった差異をある程度無視し，異なる品目を値入率等の類似性に基づき適正なグループにまとめ，それら期末商品の売価合計額に原価率を適用して求めた原価額を期末商品の貸借対照表価額とする。原価率の計算式は以下の通りである。

$$原価率 = \frac{期首繰越商品原価 + 当期受入原価総額}{期首繰越商品小売価額 + 当期受入原価総額 + 原始値入額 + 値上額 - 値上取消額 - 値下額 + 値下取消額}$$

　この原価率を適用した場合，期末商品の総平均原価に相当する評価額が求められるので，この場合の方法を売価還元平均原価法ともいう。

棚卸資産会計基準 4 通常の販売目的で保有する棚卸資産の評価基準(1)

次の文章を読んで，下記の設問に答えなさい。

(ア)通常の販売目的（販売するための製造目的を含む。）で保有する棚卸資産は，　(a)　をもって貸借対照表価額とし，期末における　(b)　が　(a)　よりも下落している場合には，当該　(b)　をもって貸借対照表価額とする。この場合において，　(a)　と　(b)　との差額は当期の　(c)　として処理する。

　(b)　とは，　(d)　（　(e)　と　(f)　とが区別される場合における　(f)　の時価）から見積追加製造原価及び見積販売直接経費を控除したものをいう。なお，　(e)　とは当該資産を購入する場合に企業が参加する市場をいい，　(f)　とは当該資産を売却する場合に企業が参加する市場をいう。

問1　本文中の□□□の中に適当な用語を入れなさい。
問2　(b) が (a) よりも下落する主な原因を述べなさい。
問3　下線部(ア)の通常の販売目的で保有する棚卸資産の市場価格が，(f) において観察できない場合の評価方法を説明しなさい。

ヒント

問2　物理的な劣化，経済的な劣化，および市場の変化があげられる。
問3　正味売却価額が把握不能な場合は他の価額を代用することができる。

解答例

問1 (a)取得原価 (b)正味売却価額 (c)費用 (d)売価 (e)購買市場 (f)売却市場

問2 正味売却価額が取得原価よりも下落する主な原因として，物理的な劣化，経済的な劣化，および市場の需給変化があげられる。物理的な劣化とは，陳列や保管時の汚損，損傷などによる品質低下が該当し，経済的劣化とは新製品や新技術の登場など商品のライフサイクルの変化による陳腐化が該当する。

問3 通常の販売目的で保有する棚卸資産の市場価格が売却市場において観察できない場合には，合理的に算定された価額を売価とする。これには，期末前後での販売実績に基づく価額を用いる場合や，契約により取り決められた一定の売価を用いる場合を含む。

解説

棚卸資産会計基準では，棚卸資産の期末評価に際して，従来のような原価法と低価法との選択適用ではなく，原則として低価法を適用することが要求されている。そのため，品質低下や陳腐化に限らず，市場の需給変化によって，正味売却価額が取得原価よりも下落することで棚卸資産の収益性が低下し，投資額の回収が見込めなくなった場合，帳簿価額を切り下げる必要がある。これは，評価方法の選択適用を認めることへの批判や国際的な会計基準との調整によるものと考えられる。なお，回収可能性の低下（収益性の低下）を簿価切り下げの根拠としているため，簿価と比較される時価は正味売却価額が適当とされる。ただし，製造業における原材料のように再調達原価が適当とされる場合もある。

棚卸資産会計基準 5 通常の販売目的で保有する棚卸資産の評価基準(2)

次の文章を読んで，下記の設問に答えなさい。

　[(a)]から外れた滞留又は処分見込等の(ア)棚卸資産について，合理的に算定された価額によることが困難な場合には，[(b)]まで切り下げる方法に代えて，その状況に応じ，次のような方法により[(c)]の事実を適切に反映するよう処理する。

(1) 帳簿価額を[(d)]（ゼロ又は備忘価額を含む。）まで切り下げる方法
(2) 一定の[(e)]を超える場合，規則的に帳簿価額を切り下げる方法

問1　本文中の[　　]の中に適当な用語を入れなさい。
問2　下線部(ア)の棚卸資産のうち，通常の販売目的で保有する棚卸資産を評価するにあたって，正味売却価額にかえて再調達原価による評価が可能な場合について説明しなさい。
問3　通常の販売目的で保有する棚卸資産を期末において評価する際，複数の売却市場が存在する場合，どのように売価が決定されるか説明しなさい。

ヒント

問2　正味売却価額が再調達原価と連動している場合が該当する。
問3　複数の売却市場が存在する場合には原則的な方法と特殊な方法がある。

解答例

問1 (a)営業循環過程　(b)正味売却価額　(c)収益性の低下　(d)処分見込価額　(e)回転期間

問2　売却価額が当該再調達原価と歩調を合わせて動くと想定される場合には，継続適用を条件として，棚卸資産を再調達原価により評価することができる。なおここで再調達原価とは，購買市場と売却市場とが区別される場合における購買市場の時価に付随費用を加算したものをいう。

問3　企業が複数の売却市場に参加し得る場合には，実際に販売できると見込まれる売価を用いる。また，複数の売却市場が存在し売価が異なる場合であって，棚卸資産をそれぞれの市場向けに区分できないときには，それぞれの市場の販売比率に基づいた加重平均売価等による。

解説

問2　重要性を考慮して付随費用を再調達原価に含めないこともできる。

問3　複数の売却市場に参加し得る場合とは，消費者への直接販売と代理店経由の間接販売や正規販売とアウトレットのように，企業が複数の販売経路を有しており，その販売経路ごとに売価が異なる場合が該当する。

　なお，販売されずに滞留在庫又は処分見込等となっている棚卸資産については，正味売却価額で評価されるべきであるが，販売実績に基づいて正味売却価額を把握することが困難な場合がある。そのように合理的な価額が算定できない場合，正味売却価額を利用した評価方法に代えて，帳簿価額を処分見込価額まで切り下げる方法，もしくは一定の回転期間を超える場合に規則的に帳簿価額を切り下げる方法といった評価方法を適用することで，棚卸資産の回収可能性の低下を財務諸表に反映させることになる。

棚卸資産会計基準 6 通常の販売目的で保有する棚卸資産の評価基準(3)

次の文章を読んで，下記の設問に答えなさい。

(ア)売価還元法を採用している場合においても，期末における　(a)　が　(b)　よりも下落している場合には，当該　(a)　をもって貸借対照表価額とする。

ただし，　(c)　等が売価合計額に適切に反映されている場合には，次に示す　(c)　及び　(d)　を除外した売価還元法の原価率により求められた期末棚卸資産の帳簿価額は，収益性の低下に基づく簿価切下額を反映したものとみなすことができる。

〈　(c)　及び　(d)　を除外した売価還元法の原価率〉
（「企業会計原則と関係諸法令との調整に関する連続意見書　第四　棚卸資産の評価について」に定める売価還元低価法の原価率）

$$\frac{期首繰越商品原価＋当期受入原価総額}{期首繰越商品小売価額＋当期受入原価総額＋原始値入額＋値上額－値上取消額}$$

問1　本文中の□□□の中に適当な用語を入れなさい。
問2　下線部(ア)の方法を利用している場合に帳簿価額との比較に利用される正味売却価額について説明しなさい。
問3　下線部(ア)の方法のうち，売価還元平均原価法について説明しなさい。
問4　下線部(ア)の方法のうち，売価還元低価法について説明しなさい。

● ヒント ●●●

売価還元平均原価法と売価還元低価法とでは原価率の算定方法が異なる。

解答例

問1 (a)正味売却価額 (b)帳簿価額 (c)値下額 (d)値下取消額

問2 棚卸資産の値入率等の類似性に基づくグループの売価合計額から見積販売直接経費を控除した金額をもって正味売却価額とする。

問3 売価還元平均原価法とは，以下の原価率を利用した売価還元法をいう。

原価率＝

$$\frac{期首繰越商品原価＋当期受入原価総額}{期首繰越商品小売価額＋当期受入原価総額＋原始値入額＋値上額－値上取消額－値下額＋値下取消額}$$

この原価率を適用した場合，当該グループの期末商品の総平均原価に相当する評価額が求められるので，売価還元平均原価法とよばれ，取得原価基準に属する評価方法とされる。

問4 売価還元低価法とは，以下の原価率を利用した売価還元法をいう。

原価率＝

$$\frac{期首繰越商品原価＋当期受入原価総額}{期首繰越商品小売価額＋当期受入原価総額＋原始値入額＋値上額－値上取消額}$$

この原価率では分母に値下額及び値下取消額が含まれておらず，それらを含む原価率を利用した場合よりも，原価率が小さくなる分だけ棚卸資産の評価額も小さくなる。そのため，この原価率を利用した売価還元法は，低価基準に属する評価方法とみなされ，売価還元低価法とよばれる。

解説

値下額及び値下取消額を除外した原価率を適用する売価還元低価法は，収益性の低下に基づく簿価切下げという考え方と必ずしも整合するものではない。しかし，これまでの実務上の取扱いなどを考慮し，値下額等が売価合計額に適切に反映されている場合は，当該原価率の適用により算定された期末棚卸資産の帳簿価額は，収益性の低下に基づく簿価切下額を反映したものとみなされる。

棚卸資産会計基準 7　通常の販売目的で保有する棚卸資産の会計処理

次の文章を読んで、下記の設問に答えなさい。

前期に計上した簿価切下額の戻入れに関しては、(ア)当期に戻入れを行う方法（洗替え法）と(イ)行わない方法（切放し法）のいずれかの方法を棚卸資産の　(a)　ごとに選択適用できる。また、　(b)　を区分把握できる場合には、　(c)　や　(d)　、若しくは　(e)　の(ウ)要因ごとに選択適用できる。この場合、いったん採用した方法は、原則として、継続して適用しなければならない。

問1　本文中の　　　　の中に適当な用語を入れなさい。
問2　下線部(ア)の洗替え法について説明しなさい。
問3　下線部(イ)の切放し法について説明しなさい。
問4　下線部(ウ)のように、洗替え法と切放し法について、「要因ごとに選択適用できる」とされている。その場合、どのように洗替え法と切放し法とを選択することが合理的であるといえるか説明しなさい。

ヒント

問4　棚卸資産の売価の下落が恒久的であると認められる場合と恒久的であると認められない場合があり得る。一方、洗替え法と切放し法の相違点は簿価切下額を戻し入れるか否かである。

解答例

問1 (a)種類 (b)売価の下落要因 (c)物理的劣化 (d)経済的劣化
　　(e)市場の需給変化

問2　棚卸資産の期末評価における洗替え法とは，前期末に棚卸資産の帳簿価格よりも正味売却価額が低くなったために切り下げた簿価を当期の棚卸資産の貸借対照表価額に戻し入れる方法である。

問3　棚卸資産の期末評価における切放し法とは，前期末に棚卸資産の帳簿価格よりも正味売却価額が低くなったために切り下げた簿価を当期の棚卸資産の貸借対照表価額に戻し入れず，切り下げたままにする方法である。

問4　売価下落の要因が，物理的劣化や経済的劣化にある場合，売価が回復するとは考えづらく，切放し法による処理が合理的といえる。一方，売価下落の要因が，市場の需給変化にある場合，需給の改善により売価の回復が見込まれるならば洗替え法による処理が合理的といえる。

解　説

問2　収益性の低下は，期末の正味売却価額が簿価を下回っているかどうかで判断するため，簿価切下額を戻し入れる洗替え法は，正味売却価額の回復を反映するため，収益性の低下に着目した簿価切下げの考え方と整合する。

問3　収益性の低下に基づき過大な簿価を切り下げ，将来に損失を繰り延べないために行うという観点からは，いったん費用処理した金額を戻し入れることは適切ではないという考え方と整合する。

問4　洗替え法でも，正味売却価額の回復がなければ，洗い替えた簿価との比較で簿価切下額が棚卸評価損となるため，純額ならば損益に与える影響は切放し法と変わらない。一方，棚卸資産の正味売却価額が回復し，かつ，当期末でも在庫品である場合，洗替え法と切放し法では結果が異なる。しかし，正味売却価額の回復は多くないことや回復しても販売されて在庫とならないことを想定すると，どちらの方法も結果は大きく異ならない。

棚卸資産会計基準 8 トレーディング目的で保有する棚卸資産の評価基準

次の文章を読んで，下記の設問に答えなさい。

(ア)トレーディング目的で保有する棚卸資産については，　(a)　に基づく価額をもって貸借対照表価額とし，帳簿価額との差額（評価差額）は，　(b)　として処理する。

トレーディング目的で保有する棚卸資産として分類するための留意点や保有目的の変更の処理は，金融商品会計基準における(イ)売買目的有価証券に関する取扱いに準じる。

問1　本文中の□□□の中に適当な用語を入れなさい。

問2　下線部(ア)のトレーディング目的棚卸資産について具体的に説明し，下線部(イ)のように売買目的有価証券に準じて取り扱われる理由を述べなさい。

問3　下線部(ア)のトレーディング目的棚卸資産のトレーディングを中止し，通常の販売目的へと保有目的を変更した場合の会計処理方法について説明しなさい。

ヒント

トレーディング目的とは，売買目的，すなわち営業活動における販売ではなく，市場での時価変動による利益の獲得を目的とすることを意味する。そのためトレーディング目的で保有する棚卸資産は，有価証券における売買目的有価証券と同様な保有目的であるといえ，会計処理方法についても売買目的有価証券と同様な方法が適用されることになる。

解答例

問1 (a)市場価格　(b)当期の損益

問2 トレーディング目的で保有する棚卸資産とは，当初から加工や販売の努力を行うことなく単に市場価格の変動により利益を得ることを保有目的とする棚卸資産である。したがって，活発な取引が行われるよう整備された，購買市場と販売市場とが区別されていない，たとえば，金の取引市場のような単一の市場の存在が前提となる。トレーディングを目的に保有する棚卸資産は，売買や換金に対して事業遂行上等の制約がなく，いつでも市場価格で換金可能であり，市場価格の変動にあたる評価差額が企業にとっての投資活動の成果と考えられることから，売買目的有価証券と同様な性格をもつ資産と見なすことができる。したがって，その評価差額についても売買目的有価証券と同様に，当期の損益として処理することが適当と考えられる。

問3 トレーディング目的から通常の販売目的へと保有目的を変更した場合，すべての当該トレーディング目的棚卸資産を通常の販売目的棚卸資産へと振り替えて，振替時の時価をもって帳簿価額とし，評価差額は損益計算書に計上する。

解説

　問3とは逆に，通常の販売目的からトレーディング目的へと保有目的を変更した場合には，すべての当該通常の販売目的棚卸資産をトレーディング目的棚卸資産へと振り替えて，振替時の時価をもって帳簿価額とし，評価差額は損益計算書に計上する。

　トレーディング目的で保有する棚卸資産として分類するための留意点や保有目的の変更の処理は，金融商品会計基準における売買目的有価証券に関する取扱いに準じる。したがって，金融商品会計基準のほか，その具体的な指針等も参照するとよい。

棚卸資産会計基準 9 評価損の損益計算書における表示と注記

次の文章を読んで，下記の設問に答えなさい。

通常の販売目的で保有する棚卸資産について，(ア)収益性の低下による簿価切下額（前期に計上した簿価切下額を戻し入れる場合には，当該戻入額相殺後の額）は　(a)　とするが，棚卸資産の製造に関連し　(b)　に発生すると認められるときには　(c)　として処理する。また，収益性の低下に基づく簿価切下額が，　(d)　に起因し，かつ，　(e)　であるときには，　(f)　に計上する。　(d)　とは，たとえば次のような事象をいう。なお，この場合には，　(g)　を適用していても，当該簿価切下額の　(h)　を行ってはならない。

(1) 重要な事業部門の廃止
(2) 災害損失の発生

問1　本文中の□□□の中に適当な用語を入れなさい。
問2　下線部(ア)と関連する，販売目的の棚卸資産に係る通常の収益性の低下による簿価切下額は損益計算書においてどのように表示されるか説明しなさい。
問3　問2のように簿価切下額が表示される理由を説明しなさい。
問4　販売目的の棚卸資産およびトレーディング目的の棚卸資産の収益性の低下に係る損益の表示方法について説明しなさい。

ヒント

問3　販売目的の棚卸資産であること，および簿価切下額の費用としての性格が表示方法に反映される。

解答例

問1　(a)売上原価　(b)不可避的　(c)製造原価　(d)臨時の事象　(e)多額
　　　(f)特別損失　(g)洗替え法　(h)戻入れ

問2　販売目的の棚卸資産について，収益性の低下による簿価切下額は売上原価とする。また，棚卸資産の製造に関連し不可避的に発生すると認められる場合は製造原価として処理する。ただし，その場合でも，簿価切下額の重要性が乏しい場合は，売上原価へ一括計上することができる。なお，洗替え法を適用している場合，当期の簿価切下額と戻入額とを相殺した後の額を売上原価もしくは製造原価として処理する。

問3　販売目的の棚卸資産の場合，収益性の低下による簿価切下額は，販売活動において不可避的に発生するため，売上高に対応する売上原価とすることが合理的である。ただし，原材料等に係る簿価切下額のうち，たとえば品質低下を理由とする場合など製造活動と関連して不可避的に発生すると認められるものは，製造原価として処理することが合理的である。

問4　通常の販売目的棚卸資産の収益性の低下による簿価切下額は，注記による方法又は売上原価等の内訳項目として独立掲記しなければならない。洗替え法では，当期の簿価切下額と戻入額とを相殺した後の額を注記又は売上原価等の内訳項目等として掲記する。ただし，当該金額の重要性が乏しい場合，これらの会計処理によらないことも認められる。一方，トレーディング目的棚卸資産に係る損益は，原則，純額で売上高に表示する。

解説

　従来，低価法の適用により生じた棚卸資産の評価減は，注記又は売上原価等の内訳記載が求められていた。また，国際的な会計基準でも同様の注記が求められている。これらのことを鑑みて棚卸資産会計基準では，通常の販売目的で保有する棚卸資産の収益性の低下に基づく簿価切下げにより費用計上された金額の注記又は独立掲記を求めている。

| 棚卸資産会計基準 | 10　計算問題：評価損の算定と損益計算書における表示 |

　以下の資料に基づき，損益計算書を完成させなさい。なお，収益性の低下に伴う評価損の会計処理は切放し法を適用している。

〈資料１〉　各勘定の決算整理前残高（一部）

　繰越商品：70,000千円　　仕入：1,440,000千円　　売上　2,640,000千円

〈資料２〉　決算整理事項（売価は正味売却価額を意味する。）

　A商品　期末帳簿棚卸高　　　　　　500個　原価@80千円

　　　　　期末実地棚卸高　陳腐化品　500個　売価@50千円

　B商品　期末帳簿棚卸高　　　　　　300個　原価@80千円

　　　　　期末実地棚卸高　良品　　　200個　売価@95千円

　　　　　　　　　　　　　品質低下品 100個　売価@20千円

損　益　計　算　書

平成X1年４月１日から平成X2年３月31日まで

A株式会社　　　　　　　　　　　　　　　　　　　　　（単位：千円）

Ⅰ　売上高　　　　　　　　　　　　　　　　　（　　　　　　）

Ⅱ　売上原価

　　期首商品棚卸高　　（　　　　　　）

　　当期商品仕入高　　（　　　　　　）

　　　合　　　計　　　（　　　　　　）

　　期末商品棚卸高　　（　　　　　　）

　　　差　　引　　　　（　　　　　　）

　（　　　　　　）　　（　　　　　　）　（　　　　　　）

　　売上総利益　　　　　　　　　　　　　　（　　　　　　）

> **ヒント** ●●
>
> 販売目的棚卸資産の収益性の低下による商品評価損は，売上原価に含める。

解答例

損益計算書

平成X1年4月1日から平成X2年3月31日まで

A株式会社 　　　　　　　　　　　　　　　　　　　　　　（単位：千円）

Ⅰ	売上高		2,640,000
Ⅱ	売上原価		
	期首商品棚卸高	70,000	
	当期商品仕入高	1,440,000	
	合　　　計	1,510,000	
	期末商品棚卸高	64,000	
	差　　　引	1,446,000	
	商 品 評 価 損	21,000	1,467,000
	売上総利益		1,173,000

解説

(1) 期首商品棚卸高＝決算整理前繰越商品勘定残高＝70,000

(2) 当期商品仕入高＝決算整理前仕入勘定残高＝1,440,000

(3) 期末商品棚卸高＝A商品期末帳簿棚卸高＋B商品期末帳簿棚卸高
　　　　　　　　＝500個×@80＋300個×@80＝64,000

(4) A商品及びB商品それぞれの商品評価損を資料2に基づき計算する。
　　A商品の陳腐化による商品評価損＝500個×（@80－@50）＝15,000
　　B商品の品質低下による商品評価損＝100個×（@80－@20）＝6,000
　商品評価損の合計＝21,000

(5) 売上原価＝期首商品棚卸高＋当期商品仕入高－期末商品棚卸高＋商品評価損
　　　　　　＝70,000＋1,440,000－64,000＋21,000＝1,467,000

棚卸資産会計基準 11 計算問題：売価還元法による棚卸資産の評価

以下の資料に基づき，(a)貸借対照表における商品の金額および(b)損益計算書における売上原価の金額を計算しなさい。

〈資料1〉　各勘定の決算整理前残高（一部）
　　　　　繰越商品：400,000円　　仕入：3,600,000円

〈資料2〉
(1) 資料1の繰越商品勘定残高は前期末における残高である。
(2) 商品については売価還元法により評価する。
(3) 棚卸資産の期末商品棚卸高の算定には売価還元平均原価法を利用する。
(4) 収益性の低下に基づく帳簿価額の切下げには売価還元低価法を利用する。
(5) 期首商品棚卸高に対応する売価：1,500,000円
(6) 当期商品仕入高に対応する原始値入額：7,650,000円
(7) 値上額：80,000円　　値上取消額：30,000円
　　値下額：350,000円　　値下取消額：50,000円
(8) 期末商品棚卸高に対応する売価：1,200,000円
(9) 棚卸減耗は生じていない。

ヒント

売価還元平均原価法における原価率の算定式は以下の通りである。

$$\frac{期首繰越商品原価＋当期受入原価総額}{期首繰越商品小売価額＋当期受入原価総額＋原始値入額＋値上額－値上取消額－値下額＋値下取消額}$$

一方，売価還元低価法における原価率の算定式は以下の通りである。

$$\frac{期首繰越商品原価＋当期受入原価総額}{期首繰越商品小売価額＋当期受入原価総額＋原始値入額＋値上額－値上取消額}$$

---解答例---

(a) 貸借対照表における商品の金額：375,000円
(b) 損益計算書における売上原価：3,625,000円

---解 説---

(1) 売価還元平均原価法における原価率Aおよび売価還元低価法における原価率Bをそれぞれ計算する。

$$原価率A = \frac{400,000 + 3,600,000}{1,500,0000 + 3,600,000 + 7,650,000 + 80,000 - 30,000 - 350,000 + 50,000}$$
$$= 0.32$$

$$原価率B = \frac{400,000 + 3,600,000}{1,500,0000 + 3,600,000 + 7,650,000 + 80,000 - 30,000} = 0.3125$$

(2) 商品の期末帳簿棚卸高を原価率Aを利用して計算する。

   商品の期末帳簿棚卸高 = 期末商品棚卸高に対応する売価 × 0.32
   $= 1,200,000 × 0.32 = 384,000$円

(3) 商品の貸借対照表価額（期末実地棚卸高）を売価還元低価法の原価率Bを利用して計算する。

   商品の貸借対照表価額 = 期末商品棚卸高に対応する売価 × 0.3125
   $= 1,200,000 × 0.3125 = 375,000$円

(4) 商品の収益性の低下に基づく帳簿価額の切下げの金額（商品評価損）を(2)および(3)の結果をもとに計算する。

   商品評価損 = $384,000 - 375,000 = 9,000$円

(5) 売上原価を計算する。なお，商品評価損は，販売目的の棚卸資産の収益性の低下による簿価切下額であるので，売上原価とする。

   売上原価 = 期首商品棚卸高 + 当期商品仕入高 - 期末商品棚卸高 + 商品評価損
   $= 400,000 + 3,600,000 - 384,000 + 9,000 = 3,625,000$円

金融商品会計基準

金融商品会計基準 1　金融資産・金融負債の範囲

次の文章を読んで，下記の設問に答えなさい。

(ア)金融資産とは，現金預金，受取手形，売掛金及び貸付金等の [(a)]，株式その他の出資証券及び公社債等の [(b)] 並びに先物取引，先渡取引，[(c)] 取引，スワップ取引及びこれらに類似する取引（以下「デリバティブ取引」という。）により生じる [(d)] 等をいう。

(イ)金融負債とは，支払手形，買掛金，借入金及び社債等の [(e)] 並びにデリバティブ取引により生じる [(f)] 等をいう（金融商品会計基準4－5項）。

問1　本文中の[　　]の中に適当な用語を入れなさい。
問2　現物商品（コモディティ）に係るデリバティブ取引は金融商品会計基準の対象となるか答えなさい。
問3　下線部(ア)について，金融資産の認識について説明しなさい。
問4　下線部(イ)について，金融負債の認識について説明しなさい。
問5　現行の会計制度では，上記の問3・問4の認識方法，とくに消滅の認識について財務構成要素アプローチがとられている。これについて説明しなさい。

ヒント

問2　すべてが対象となるわけではない。金融商品会計基準注解・注1参照。
問3・問4　金融資産・金融負債ともに，発生の認識と消滅の認識の両方について説明する。
問5　リスク・経済価値アプローチと財務構成要素アプローチの2つがある。両者の差異は，金融商品を構成要素に分解できるかどうかにある。

=== 解答例 ===

問1 (a)金銭債権 (b)有価証券 (c)オプション (d)正味の債権 (e)金銭債務 (f)正味の債務

問2 現物商品に係るデリバティブ取引のうち,通常差金決済により取引されるものから生じる正味の債権・債務については当該基準の適用対象となる。

問3 金融資産は,原則として,その契約上の権利を生じさせる契約を締結したときに発生を認識し,その契約上の権利を行使,喪失,もしくは支配が他に移転したときに消滅を認識する。

問4 金融負債は,原則として,その契約上の義務を生じさせる契約を締結したときに発生を認識し,その契約上の義務の履行,消滅,もしくは第一次債務者の地位から免責されたときに消滅を認識する。

問5 財務構成要素アプローチとは,金融商品はこれを構成する財務的構成要素に分解可能であると考え,個々の財務構成要素ごとにそのリスクと経済価値に基づいて消滅を認識しようとする考え方である。

=== 解 説 ===

問2 金融資産・負債の範囲には,複数種類の金融資産または金融負債が組み合わされている複合金融商品も含まれている。

問3・問4 金融資産・負債の認識は,契約の締結によるのが原則である(金融商品会計基準注解・注3)。なお,金融資産の支配の移転については,金融商品会計基準9項にある3つの要件がすべて満たされて移転したと考える。

問5 リスク・経済価値アプローチとの対比で理解するとよいだろう。詳細は金融商品会計基準57項を参照のこと。

金融商品会計基準 2　金銭債権の貸借対照表評価額

次の文章を読んで，下記の設問に答えなさい。

　(ア)受取手形，売掛金，貸付金その他の債権の貸借対照表評価額は，　(a)　から　(b)　に基づいて算定された　(c)　を控除した金額とする。ただし，債権を債権金額より低い価額又は高い価額で取得した場合において，取得価額と債権金額との差額の性格が金利の調整と認められるときは，　(d)　に基づいて算定された価額から　(c)　を控除した金額としなければならない（金融商品会計基準14項）。

問1　本文中の　　　　の中に適当な用語を入れなさい。
問2　金融商品会計基準において，①受取手形や売掛金，②貸付金等の債権が時価評価の対象とならない理由について，それぞれ簡潔に説明しなさい。
問3　下線部(ア)について，受取手形や売掛金の発生の認識について説明しなさい。
問4　受取手形は，割引や裏書譲渡はどのように扱われるか，金融資産の消滅の要件に照らして説明しなさい。
問5　　(d)　はどのような方法か，簡潔に説明しなさい。

ヒント

問2　現金化までの期間と時価の関係，また時価評価可能であるかを考える。
問3　通常の商品売買における対価の受取を考えればよい。
問4　金融資産の消滅の認識要件3つに照らして手形の割引が消滅に該当することを説明すればよい。
問5　取得原価と債権金額の差額の処理方法である。

解答例

問1 (a)取得原価 (b)貸倒見積高 (c)貸倒引当金 (d)償却原価法

問2 ①通常短期に決済されることが予定されており，帳簿価額が時価に近似していると考えられるため。②時価の入手が困難な場合や，売却を意図していない場合が少なくないため。

問3 受取手形や売掛金は，商品等の受渡しまたは役務提供の完了により発生を認識する。

問4 受取手形の割引・裏書譲渡が行われると，(a)譲受人には手形上の権利が法的に保全され，(b)譲受人はその権利を通常の方法で享受することができ，(c)譲渡人がこの手形を買い戻す権利を持っていない，ことになるため受取手形の消滅を認識する。

問5 金銭債権（金銭債務）を債権額（債務額）と異なる金額で計上した場合において，当該差額に相当する金額を弁済期に至るまで毎期一定の方法で取得原価額に加減する方法。

解説

問2 金融資産自体を対象とする取引については原則として契約の締結により発生を認識する。この例外となっているのが**問2**の2つである。これら2つについては，例外となっている理由とあわせて金融商品会計基準68項に記載がある。

問3 商品等の売買や役務提供の対価として生じる金銭債権債務である。これらは商品等の受渡しや役務提供の完了時点で発生を認識する（金融商品会計基準注解・注3および金融商品会計基準55項）。

問4 金融資産の消滅認識でいう移転のケースに該当する。

問5 金融商品会計基準注解・注5を参照。償却原価法は，額面よりも安く取得して増額していく場合をアキュムレーション，逆に額面よりも高く取得して減額していく場合をアモチゼーションとよぶこともある。

金融商品会計基準 3 貸倒見積高の算定方法

次の文章を読んで，下記の設問に答えなさい。

金融商品会計基準では，金銭債権を債務者の経営状態に基づいて，経営状態に重大な問題が生じていない (a) ，債務弁済に重大な問題が生じている，またはその可能性が高い (b) および経営破綻または実質的に経営破綻に陥っている (c) の3つに区分している。貸倒見積高の計算は，(a) については (d) 法，(b) および (c) については(ア)財務内容評価法が適用される。なお，(b) については，債権元本の回収及び利息の受取に係るキャッシュ・フローが合理的に見積ることができる場合は(イ)キャッシュ・フロー見積法の適用も可能である。

問1 本文中の □ の中に適当な用語を入れなさい。
問2 下線部(ア)について，これがどのような方法か説明しなさい。
問3 下線部(イ)について，これがどのような方法か説明しなさい。
問4 決算に当たり，1年後に回収を予定している貸付金50万円を精査したところ (b) に区分され，次期の利息（年利7％）を減免することになった。当該債権の貸倒見積高を，キャッシュ・フロー見積法により計算しなさい（千円未満切り捨て）。

ヒント

問2 回収可能性が低下しているため，担保を考慮する。
問3 一定の条件に合致した場合に現在価値計算により回収可能額を見積る方法である。
問4 利息減免により生じた将来キャッシュ・フローの減少額の現在価値分だけ債権が減少したと考える。

解答例

問1 (a)一般債権　(b)貸倒懸念債権　(c)破産更生債権等　(d)貸倒実績

問2 債権金額から担保の処分見込額及び保証による回収見込額を減額し，その残額について債権者の財政状態及び経営成績を考慮して貸倒見積高を算定する方法。

問3 債権者の元本の回収及び利息の受取に係るキャッシュ・フローを合理的に見積ることができる債権については，債権の元本及び利息について元本の回収及び利息の受取が見込まれるときから当期末までの期間にわたり当初の約定利子率で割り引いた金額の総額と債権の帳簿価額との差額を貸倒見積高とする方法。

問4 33（千円）

解説

問2・問3 金融商品会計基準28項(1)①および②を参照。

キャッシュ・フロー見積法は債権者の元本の回収及び利息の受取に係るキャッシュ・フローを合理的に見積ることができる場合にのみ適用可能である。債権の区分と，各区分の債権の評価方法はセットで理解しておくこと。

問4 次年度末に本来回収できるはずであったキャッシュ・フローは，元本500千円と利息35千円の合計535千円である。535千円を約定利子率（7％）で割り引くと，$535 \div (1+0.07) = 500$千円となり，これが正常時の貸付金の帳簿残高となっている。ここでは，将来回収予定のキャッシュ・フロー535千円が利息減免によって500千円となっている。さきほどと同じように，これを約定利子率（7％）で割り引くと，$500 \div (1+0.07) = 467$千円となる。これが回収可能なキャッシュ・フローの現在価値である。キャッシュ・フロー見積法では，この回収可能なキャッシュ・フローの現在価値と債権の帳簿価額との差額を貸倒見積高とする。したがって，33千円（= 500 − 467）が求めるべき貸倒見積高である。

金融商品会計基準 4 有価証券の貸借対照表評価額(1)

次の文章を読んで，下記の設問に答えなさい。

企業会計上，有価証券として扱われるのは，原則として(ア)金融商品取引法に定義する有価証券に基づいている。有価証券は，保有目的の観点から次の4つに分類される。すなわち，①(イ)　(a)　により利益を得ることを目的として保有する有価証券，②　(b)　まで保有することを目的としていると認められる社債その他の債券，③　(c)　株式・　(d)　株式，および上記①～③のいずれにも該当しない④(ウ)その他有価証券である。

問1　本文中の□□の中に適当な用語を入れなさい。
問2　下線部(ア)について，これには含まれないが企業会計上の有価証券の範囲に含められるものの例を1つあげなさい。
問3　下線部(イ)について，この時価評価差額はどのように処理されるか，その理由と共に簡潔に説明しなさい。
問4　下線部(ウ)について，市場性のあるその他有価証券を時価評価した際の評価差額金の処理方法について説明しなさい。
問5　企業が保有する社債その他の債券の時価を把握することが極めて困難な場合の評価額について簡潔に説明しなさい。

ヒント

問2　金融商品取引法でいう有価証券に類似するものを考える。
問3　この差額をどのような企業活動の成果と見るか考える。
問4　保守主義の原則を適用するかしないかで2つの方法を考える。
問5　時価以外の評価とならざるを得ない。

解答例

問1　(a)時価の変動　(b)満期　(c)子会社　(d)関連会社

問2　国内企業が発行した譲渡性預金の預金証書

問3　売買目的有価証券は，その保有目的からして売却しても事業遂行上の制約がなく，その時価変動による評価差額は財務活動上の成果と考えられるため，当期の損益として処理する。

問4　評価差額の全額を純資産の部に計上する方法か，評価差益は貸借対照表純資産の部に計上し，評価差損は当期の損失として損益計算書に計上する方法の2つがある。いずれの方法をとった場合でも評価差額は洗替え方式で計上する。

問5　時価を把握することが極めて困難な社債その他の債券の貸借対照表評価額は債権の貸借対照表評価額に準ずる。

解説

問2　金融商品取引法の有価証券に類似し，活発な市場があるものは有価証券に準じて取り扱う（金融商品会計基準注解・注1-2）。その代表例が国内企業の発行した譲渡性預金の預金証書である。逆に，金融商品取引法の有価証券に含まれていても，企業会計上の有価証券に含まれないものとしては一部の受益信託権利や円建の期限付為替手形などがある（「金融商品会計に関するQ&A」Q1）。

問3　売買目的有価証券はキャピタルゲインの獲得を目的としていることから，上記のように考えられる（金融商品会計基準70項）。

問4・問5　その他有価証券については，時価が把握できれば**問4**のように評価する（金融商品会計基準18項）。一方，時価の把握が極めて困難ならば**問5**のように評価する（金融商品会計基準19項）。

金融商品会計基準 5 有価証券の貸借対照表評価額(2)

次の文章を読んで，下記の設問に答えなさい。

(ア)満期保有目的の債券および(イ)関係会社株式は，　(a)　をもって貸借対照表評価額とする。ただし，前者については債券を債券金額よりも低い価額又は高い価額で取得した場合において，取得価額と　(b)　との差額の性格が　(c)　の調整と認められるときには償却原価法に基づいて算定された価額をもって貸借対照表評価額としなければならない。なお，(ウ)償却原価法による差額の調整には，原則として　(d)　法が適用される。

問1　本文中の　　　の中に適当な用語を入れなさい。

問2　下線部(ア)について，当該分類に属する債券の保有目的を，満期保有目的から売買目的に変更した場合の処理について説明しなさい。なお，変更に伴う注記についても言及すること。

問3　下線部(イ)について，関係会社株式が上記のように評価される理由について，簡潔に説明しなさい。

問4　下線部(ウ)について，償却原価法によって処理された増減額は，どの計算書に，どういう勘定科目で計上されることになるか，簡潔に答えなさい。

ヒント ……………………………………………………………………

問2　保有目的にあわせて評価方法を変更する必要がある。

問3　ある事業を子会社化する場合とそうでない場合を比較した際の，両者の実質的な同質性を考えればよい。

問4　償却原価法で処理される金額は　(c)　の調整額としての性格を有するというのがヒントになる。

解答例

問1 (a)取得原価 (b)債券金額 (c)金利 (d)利息

問2 売買目的の有価証券として時価で評価し,評価差額は当期の損益として損益計算書に計上する。あわせて,目的を変更した旨と,変更理由および当該変更が財務諸表に与えている影響の内容を注記する。

問3 関係会社株式は,これらの企業を支配する目的で保有している株式であるから,売却には事業上の制約が課せられている。また,外形上は株式であっても,実質的には事業用資産であると考えられる。したがって,その他の事業用資産と同様に取得原価で評価する。

問4 損益計算書に有価証券利息として計上される。

解 説

問2 金融商品会計基準において,有価証券は保有目的別に評価方法が決定されている。したがって,保有目的を変更した場合には,変更後の目的に合わせた評価方法に変更しなければならない(金融商品会計基準注解・注6)。なお,表示については金融商品の時価等の開示適用指針4.(2)④を参照のこと。

問3 関係会社株式,すなわち子会社株式および関連会社株式と,売買目的で保有する株式は外形上同じであるが,その保有目的が異なるため,それぞれの目的に合わせた評価基準が適用される。問2のとおり,売買目的で保有する株式であれば時価変動が保有による成果であると考えられることから時価評価となる。支配目的で保有する株式については,その株式を保有する効果は事業用資産を取得し生産活動に従事するのと実質的には同じであると考えられる。したがって,これを事業用資産と同質であると見なして,取得原価で評価することになる(金融商品会計基準17項)。

問4 この差額は,金利の調整としての性格があると考えられるので,利払日に受け取る利息と合算して有価証券利息として計上する。

金融商品会計基準 6　金銭債務の貸借対照表評価額

次の文章を読んで，下記の設問に答えなさい。

支払手形，買掛金，　(a)　，社債その他の債務は，　(b)　を持って　(c)　とする。ただし，(ア)社債を社債金額よりも低い価額又は高い価額で発行した場合など，　(d)　に基づく金額と　(b)　とが異なる場合には，(イ)償却原価法に基づいて算定された価額をもって，　(c)　としなければならない（金融商品会計基準26項）。

問1　本文中の□□□の中に適当な用語を入れなさい。
問2　下線部(ア)について，このような差額が生じる発行形態についてなんとよぶか，簡潔に説明しなさい。
問3　下線部(イ)について，従来の処理方法について説明しなさい。
問4　償却原価法には，①利息法と②定額法の2つの方法がある。それぞれの方法について簡潔に説明しなさい。
問5　償却原価法による加算額または減算額はどのように処理されるか説明しなさい。

●ヒント●

金銭債務に関する規定である。金銭債務は債務額が貸借対照表評価額となるが，社債については例外的な処理がとられる。
問3　社債についても債務額評価を行うとこのような処理方法になる。ここが金融商品会計基準における大きな変更点の1つである。
問4　それぞれ，配分方法と配分期間に言及すること。
問5　問4の①②のいずれが原則であるかを考えればよい。

〈 解答例 〉

問1　(a)借入金　(b)債務額　(c)貸借対照表評価額　(d)収入

問2　発行価額が社債金額を上回る場合を打歩発行といい，下回る場合を割引発行という。

問3　社債金額を貸借対照表評価額とし，社債金額と発行価額との差額は社債発行差金として繰延処理していた。

問4　①利息法：社債金額と発行価額との差額と，約定利子率に基づく利息額の合計を実質的な利息額と考え，実効利子率でもって償還までの各期に配分する方法。

　　②定額法：上記の金利調整額を社債償還までの各期に一定額で配分する方法。

問5　償却原価法による加算額または減算額は，利息の調整額としての性格を有するので，利息費用（社債利息）に加算する。

〈 解　説 〉

問2　基本的な用語である。発行価額が社債金額と一致する場合は平価発行という。社債金額と異なる発行価額を企業が選択するのは，市場利子率と約定利子率の差を埋め合わせるためである。

問3　会社法では，債務額を貸借対照表評価額とする規定があったため，解答の処理が行われていた。改正によって債務額以外の貸借対照表評価額が認められたことから，下線部(イ)のような処理が行われるようになった。

問4・問5　償却原価法には，利息法と定額法の2つの方法がある。償却原価法により処理する金額が金利の調整としての性格をもつことを考慮すれば，原則として利息法が適用されることになる。ただし，継続適用を条件として，より簡便な定額法の適用も認められている。基準では原則として利息法がとられているので，社債金額と発行価額との差額は利息の一部として計上される。

金融商品会計基準 7 計算問題：貸倒見積高

下記の資料をもとに流動資産の区分における金銭債権および貸倒引当金の金額，投資その他の資産の区分における金銭債権および貸倒引当金の金額を計算しなさい（単位：千円）。なお，会計期間は1年間，千円未満は切り捨てとする。

〈資料1〉 決算整理前残高試算表（一部抜粋）

受取手形	5,500千円	売 掛 金	7,200千円
短期貸付金	1,500千円	貸倒引当金	130千円

〈資料2〉 決算整理の未了事項および参考事項

1. 民事再生法適用会社となったA社に対する債権は，受取手形2,000千円と売掛金4,000千円である。なお，営業保証金2,500千円を受け入れている。
2. 短期貸付金1,500千円はB社に対するものである。決算日に返済予定であったが，業績悪化を理由に元本返済を1年延長し，次期分の利息は免除する。なお，貸付利息は年利6％であり，当期分の利息は受領済みである。
3. 当社では，債権を一般債権，貸倒懸念債権及び破産更生債権等に区分し，貸倒引当金を設定している。
    ① 上記1および2以外はすべて一般債権である。一般債権は過去3年の貸倒実績率の単純平均をもとに貸倒見積高を算定する（差額補充法）。過去3年の期末一般債権残高は次の通りである（単位：千円。括弧内は翌年度貸倒実績額）。

X0年度	X1年度	X2年度
6,500（176）	8,200（279）	7,500（240）

    ② 貸倒懸念債権の貸倒見積高はキャッシュ・フロー見積法による。
    ③ 破産更生債権等は，財務内容評価法により，債権総額から担保等処分見込額を控除した残額を貸倒見積高として算定する。

解答例

流動資産		投資その他の資産	
受取手形	3,500	破産更生債権等	6,000
売掛金	3,200	貸倒引当金	－3,500
短期貸付金	1,500		
貸倒引当金	－292		

解説

1. A社債権：経営破綻しているので破産更生債権等に区分する。貸倒見積高3,500千円は，債権額－回収見込額（＝6,000－2,500）として算定する。

　　（借）破産更生債権等　　6,000　　（貸）売　掛　金　　4,000
　　　　　　　　　　　　　　　　　　　　　　受　取　手　形　2,000
　　（借）貸倒引当金繰入　　3,500　　（貸）貸　倒　引　当　金　3,500

2. B社債権：債務弁済に重大な問題が生じているので貸倒懸念債権に区分する。1年後の回収予定額は利息減免をしているため元本のみの1,500千円である。この現在価値は1,415千円（＝1,500÷1.06）である。この金額と帳簿価額との差額85千円が貸倒見積額となる。

　　（借）貸倒引当金繰入　　　85　　（貸）貸　倒　引　当　金　　85

3. 一般債権：貸倒実績率は3.1％（＝(176÷6,500＋279÷8,200＋240÷7,500)÷3）となる。受取手形および売掛金の期末残高6,700千円（＝5,500－2,000＋7,200－4,000）に対する貸倒見積高は207千円（＝6,700×3.1％）であるから，当期の繰入額は77千円（＝207－130）となる。

　　（借）貸倒引当金繰入　　　77　　（貸）貸　倒　引　当　金　　77

金融商品会計基準 8 計算問題：有価証券利息

下記の資料をもとに，設問に答えなさい。

問1 償還期限までの継続保有を目的として購入した下記のA社社債について，決算日（X3年3月31日）における未収利息と評価額を計算しなさい（千円未満切り捨て）。評価に当たっては定額法を適用すること。なお，取得原価と額面額との差額は，すべて金利の調整部分とみなすことができるものとする。

〈資料〉

取得日：X2年4月1日　　　償還日：X7年3月31日
額面額：2,000千円　　　　クーポン利率：2.0%
取得原価：1,910千円　　　利払日：6月末および12月末

問2 償還期限までの継続保有を目的として購入した下記のB社社債について，X1年3月31日およびX2年3月31日の有価証券利息と評価額を計算しなさい（千円未満切り捨て）。評価に当たっては利息法を適用すること。なお，取得原価と額面額との差額は，すべて金利の調整部分とみなすことができるものとする。

〈資料〉

取　得　日：X0年4月1日　　償　還　日：X3年3月31日
額　面　額：6,000千円　　　クーポン利率：2.0%
取得原価：5,715千円　　　実質金利：3.7%

解答例

問1 未収有価証券利息　10千円　　投資有価証券　1,928千円

問2

	X1年3月31日	X2年3月31日
B社社債評価額	5,806 千円	5,900 千円
有価証券利息	211 千円	214 千円

解説

問1 有価証券利息の未収分は10千円（＝2,000千円×2.0％×（3ヶ月÷12ヶ月））。額面額と取得原価との差額90千円（＝2,000千円－1,910千円）については，償還までの5年間で償却原価法（定額法）により処理するので，当期の社債の増額分は18千円（＝90千円÷5年）である。したがって，社債の期末評価額は1,928千円（＝1,910千円＋18千円）となる。

（借）未収有価証券利息　　　　10　　（貸）有価証券利息　　　　10
（借）投資有価証券　　　　　　18　　（貸）有価証券利息　　　　18

問2 クーポン利率に基づく各期の受取利息は120千円（6,000千円×2.0％）。実質金利が3.7％なので，X1年3月31日時点では，金利調整分のうち，91千円（＝5,715×3.7％－120）が帳簿価額に加算される。同様に，X1年3月31日時点では，94千円（＝5,806×3.7％－120）が加算される。なお，X3年3月31日の償還日には，98千円（＝5,900×3.7％－120）に端数処理によって生じた差額2千円が加算され額面額6,000千円となる。

年度	X1年3月31日	X2年3月31日	X3年3月31日
帳簿価額	5,806	5,900	6,000
金利差額の償却額	91	94	98
利息受取額	120	120	120

金融商品会計基準 9 計算問題：有価証券の貸借対照表評価額

下記の資料をもとに，それぞれの株式について決算に当たって必要となる仕訳をしなさい。

〈資料〉 有価証券に関する決算整理の未済事項及び参考事項

	保有株式数	1株当たりの帳簿価額（円）
A 社 株 式	12,000	2,410
B 社 株 式	100,000	500
C 社 株 式	10,000	1,000
D 社 株 式	21,000	1,620

1. A社株式は余裕資金の運用を目的に保有している市場性のある有価証券である。当該株式の期末時点における1株当たりの市場価格は2,760円である。
2. B社は当社が発行済株式のすべてを保有する非上場完全子会社である。当会計年度における急激な業績悪化の影響で，期末時点の純資産総額は20,000千円まで低下している。
3. C社は当社と取引関係にある非上場会社であり，相互に株式を保有している。当社が保有するC社の株式数は，C社の発行済株式数の1％未満である。
4. D社は当社と取引関係にある会社で相互に株式を保有している。当社が保有するD社の株式数は，D社の発行済株式数の3％である。D社株式は市場性があり，期末時点における1株当たりの市場価格は1,750円である。
5. 売買目的有価証券の評価差額は，切放し方式により処理している。
6. 「その他有価証券」については税効果会計を適用する。決算日時点における法定実効税率は40％であり，今後税率改正が行われる旨の公表はない。

解答例

A社株式（仕訳はすべて千円単位）
　（借）売買目的有価証券　　　4,200　　（貸）有価証券運用益　　　4,200
B社株式（仕訳はすべて千円単位）
　（借）関係会社株式評価損　　30,000　　（貸）関係会社株式　　　30,000
D社株式（仕訳はすべて千円単位）
　（借）投資有価証券　　　　　2,730　　（貸）その他有価証券評価差額金　1,638
　　　　　　　　　　　　　　　　　　　　　　　繰延税金負債　　　　　　1,092

解説

　A社株式は「売買目的有価証券」，B社株式は「子会社・関連会社株式」，C社株式およびD社株式は典型的な持ち合い株式であるから，「その他有価証券」に区分される。

　「売買目的有価証券」は時価で評価するので，A社株式については評価差額4,200千円（＝(2,760－2,410)×12,000株）を計上する（P/L営業外収益）。

　「子会社・関連会社株式」は取得原価で評価するが，時価や実質価額の著しい下落があった場合には実質価額まで評価減する。したがってB社株式については評価損30,000千円（500円×100,000株－20,000千円）を計上する（P/L特別損失）。

　市場性のない「その他有価証券」は実質価額の著しい下落のない限り取得原価で評価するため，C社株式については仕訳なし。

　市場性ある「その他有価証券」は時価で評価するので，D社株式の評価差額2,730千円（＝(1,750円－1,620円)×21,000株）が発生する。この評価差額は税効果会計の適用対象なので，評価差額のうち1,092千円（＝2,730千円×40%）については繰延税金負債（B/S固定負債），1,638千円はその他有価証券評価差額金として計上する（B/S純資産の部その他の包括利益累計額（連結の場合））。

5

繰延資産実務対応報告

1 株式交付費

次の文章を読んで，下記の設問に答えなさい。

株式交付費（新株の発行又は自己株式の処分に係る費用）は，原則として，支出時に (a) として処理する。ただし，(ア)企業規模の拡大のためにする資金調達などの財務活動（組織再編の対価として株式を交付する場合を含む。）に係る株式交付費については，(イ)繰延資産に計上することができる。この場合には，株式交付のときから (b) 年以内のその (c) にわたって， (d) により償却をしなければならない。

問1 本文中の◯◯の中に適当な用語を入れなさい。
問2 下線部(イ)の繰延資産とはいかなる資産であるか説明しなさい。
問3 下線部(ア)の企業規模拡大のための資金調達など，財務活動に係る費用は繰延資産としての処理が認められるが，株式分割や株式無償割当てなどに係る費用は繰延資産として処理することは認められない。この理由を述べなさい。

ヒント

問2 将来の期間に影響する特定の費用を資産計上したものが繰延資産である。それでは将来の期間に影響する特定の費用とはいかなる費用か。
問3 将来の期間に影響する特定の費用の要件として，支出の効果の将来における発現，すなわち将来の収益と対応する費用であることがあげられる。

> 解答例

問1 (a)費用（営業外費用）　(b)3　(c)効果の及ぶ期間　(d)定額法

問2 繰延資産とは，将来の期間に影響する特定の費用，すなわち，すでに代価の支払が完了し又は支払義務が確定し，これに対応する役務の提供を受けたにもかかわらず，その効果が将来にわたって発現するものと期待される費用を次期以降の期間に費用として配分するため，経過的に貸借対照表に資産として計上した項目をいう。

問3 企業規模拡大のための資金調達など，財務活動に係る費用は，調達した資金の運用期間にわたって収益の獲得に貢献する費用であると考えられるので，将来の期間に影響する特定の費用，すなわち繰延資産として処理するための要件を満たす。しかし，株式分割や株式無償割当てなどは財務政策的に行われるものであり，それらに係る費用は，将来の期間にわたって効果が発現し，収益獲得に貢献するとは考えられず，そのため繰延資産として処理することは認められない。

> 解 説

　発生費用であっても，その効果が将来において発現することが期待される将来の期間に影響する特定の費用は，次期以降において獲得予定の収益と対応する費用とみなされる。そこで，かかる費用については，適正な期間損益計算を達成するために，収益費用対応の原則に基づいて，次期以降の収益と対応すると考えられる金額を資産として繰り延べ，効果の及ぶ期間にわたって償却し，期間配分することが合理的な会計処理であるといえる。

　なお，繰延資産実務対応報告では，株式交付費（新株の発行又は自己株式の処分に係る費用）とは，株式募集のための広告費，金融機関の取扱手数料，証券会社の取扱手数料，目論見書・株券等の印刷費，変更登記の登録免許税，その他株式の交付等のために直接支出した費用をいう。

繰延資産実務対応報告 2 社債発行費等

次の文章を読んで，下記の設問に答えなさい。

社債発行費は，原則として，支出時に ［(a)］ として処理する。ただし，(ア)社債発行費を繰延資産に計上することができる。この場合には，社債の償還までの期間にわたり ［(b)］ により償却をしなければならない。なお，償却方法については，［(c)］ を条件として，［(d)］ を採用することができる。

また，新株予約権の発行に係る費用についても，資金調達などの財務活動（組織再編の対価として新株予約権を交付する場合を含む。）に係るものについては，社債発行費と同様に繰延資産として会計処理することができる。この場合には，新株予約権の発行のときから，［(e)］ 年以内のその効果の及ぶ期間にわたって，［(f)］ により償却をしなければならない。ただし，新株予約権が社債に付されている場合で，当該新株予約権付社債を一括法により処理するときは，当該新株予約権付社債の発行に係る費用は，［(g)］ として処理する。

問1 本文中の ［　　］ の中に適当な用語を入れなさい。
問2 下線部(ア)のように社債発行費を繰延資産として計上した場合，適用が認められている償却方法について説明しなさい。

ヒント ••

社債発行費の償却方法としては，原則的な方法とされる利息法と，簡便法とされる定額法が認められている。本問ではそれら2つの方法を説明する。

解答例

問1 (a)費用（営業外費用） (b)利息法 (c)継続適用 (d)定額法 (e)3
(f)定額法 (g)社債発行費

問2 社債発行費を繰延資産として計上した場合に認められている償却方法には原則として適用すべきとされる利息法と継続適用を条件に適用が認められる定額法がある。利息法とは，社債発行により調達した資金の実効利子率を求め，当該利子率のもと社債発行費を社債の償還期間にわたって償却する方法である。一方，定額法とは，社債発行費を社債の償還期間にわたって一定額ずつ償却していく方法である。

解　説

社債発行費の償却方法について以下の設例を参考にされたい。

（設例）　A社は20X1年4月1日に，額面3,000,000円，期間3年の社債を平価発行した（3月末日決算）。その際，社債発行費88,230円が発生し，繰延資産処理した。この社債発行に伴う実効利子率は1％である。

(1) 利息法の場合

　　20X2.3.31　償却額＝(3,000,000−88,230)×0.01＝29,118円
　　20X3.3.31　償却額＝(3,000,000−59,112)×0.01＝29,409円
　　20X4.3.31　償却額＝(3,000,000−29,703)×0.01＝29,703円

(2) 定額法の場合

　　毎期の償却額＝88,230÷3年＝29,410円

　社債発行費については，国際的な会計基準との整合性を考慮して，資金調達期間である償還期間にわたって償却することが規定されている。

　なお，繰延資産実務対応報告では，社債発行費とは，社債募集のための広告費，金融機関の取扱手数料，証券会社の取扱手数料，目論見書・社債券等の印刷費，社債の登記の登録免許税その他社債発行のため直接支出した費用をいう。

繰延資産実務対応報告 3　創立費及び開業費

次の文章を読んで，下記の設問に答えなさい。

　(ア)創立費は，原則として，支出時に [(a)] として処理する。ただし，創立費を(イ)繰延資産に計上することができる。この場合には，[(b)] のときから [(c)] 年以内のその効果の及ぶ期間にわたって，定額法により償却をしなければならない。

　(ウ)開業費は，原則として，支出時に [(a)] として処理する。ただし，開業費を(エ)繰延資産に計上することができる。この場合には，[(d)] のときから [(e)] 年以内のその効果の及ぶ期間にわたって，定額法により償却をしなければならない。なお，「[(d)] のとき」には，その営業の一部を開業したときも含むものとする。また，開業費を [(f)] として処理することができる。

問1　本文中の□□□の中に適当な用語を入れなさい。
問2　下線部(ア)創立費および下線部(ウ)開業費について説明しなさい。
問3　下線部(イ)および(エ)のように「計上することができる」という任意規定となっている理由を説明しなさい。

●ヒント●●

問2　創立費と開業費は会社設立時点を基準として区別される。
問3　繰延資産は，適正な期間損益計算の観点から将来の期間に影響する特定の費用の資産計上を認めた，計算擬制項目である。

解答例

問1 (a)費用（営業外費用） (b)会社の成立 (c)5 (d)開業 (e)5 (f)販売費及び一般管理費

問2 創立費とは，定款等作成の費用，株式募集等の広告費，株券等の印刷費，証券会社の取扱手数料などといった，会社の負担に帰すべき会社の設立費用をいう。一方，開業費とは，土地，建物等の賃借料，広告宣伝費，通信交通費，事務用消耗品費，支払利子，使用人の給料，保険料，電気・ガス・水道料等で，会社成立後営業開始時までに支出した開業準備のための費用をいう。

問3 繰延資産は，収益費用対応の原則の観点から計上される計算擬制項目であり，物的にも法的にも財産価値を有するものではない。すなわち，繰延資産の貸借対照表への計上が認められるのは，換金能力という観点から考えられる財産価値を有するからではなく，期間損益計算の適正化によるものである。くわえて，資産計上の根拠である効果の発現についても，また発現する期間についても不確実性を伴う。これらの点を考慮して，繰延資産を「計上することができる」という任意規定にされていると考えられる。

解 説

会社法では，創立費を資本金又は資本準備金から減額することが可能とされているが，繰延資産実務対応報告では，創立費は，株主との資本取引によって発生するものではないため，支出時に費用として処理するか，繰延資産として計上するものとされている。また，開業準備活動は通常の営業活動には該当しないため，当該活動に要した費用は，原則として，営業外費用として処理される。ただし，開業費は，営業活動と密接であること及び実務上の便宜を考慮して，販売費及び一般管理費として処理することも認められている。

なお，収益費用中心観よりも資産負債中心観の色合いが濃くなった現行会計制度のもとでは，繰延資産の資産性は否定される傾向にある。

繰延資産実務対応報告 4 開発費

次の文章を読んで，下記の設問に答えなさい。

(ア)開発費は，原則として，支出時に [(a)] として処理する。ただし，開発費を繰延資産に計上することができる。この場合には，支出のときから [(b)] 年以内のその効果の及ぶ期間にわたって， [(c)] により規則的に償却しなければならない。

なお，研究開発費等会計基準の対象となる研究開発費については，発生時に [(d)] として処理しなければならないことに留意する必要がある。

問1　本文中の □ の中に適当な用語を入れなさい。
問2　下線部(ア)の開発費に該当する費用の特徴を列挙しなさい。

ヒント

問2　開発費とは，新技術又は新経営組織の採用，資源の開発，市場の開拓等のために支出した費用，生産能率の向上又は生産計画の変更等により，設備の大規模な配置替えを行った場合等の費用をいう。ただし，経常費の性格をもつものは開発費には含まれない。

解答例

問1 (a) 費用（売上原価又は販売費及び一般管理費）　(b) 5
　　(c) 定額法その他の合理的な方法　(d) 費用

問2 (1) 新技術や新組織の採用のための費用。
　　(2) 資源開発のための費用。
　　(3) 市場開拓のための費用。
　　(4) 生産能率の向上や生産計画の変更のために設備の大規模な配置換えを行った場合等の費用。

解説

　開発費は，原則として，支出時に売上原価又は販売費及び一般管理費として処理することが求められている。ただし，開発が成功した場合には収益の増加，もしくは費用の減少といった効果が発現するため，開発費を繰延資産に計上することも認められている。繰延資産として処理する場合は，定額法により償却される。しかし，開発費の性格上，成否が不確定であり，効果の発現には不確実性が伴う。そのため資産計上後は，速やかに償却することが望ましい。そこで制度上，償却期間は5年以内とされている。また，開発費の効果の及ぶ期間の判断にあたり，支出の原因となった新技術や資源の利用可能期間が限られている場合には，その期間内（最長で5年以内）に償却しなければならない点に留意する必要がある。なお，償却額は，一括費用処理した場合と同様に，売上原価又は販売費及び一般管理費として計上される。

　また，新技術の採用のための費用については，研究開発費に該当するケースもあるので，開発費と研究開発費との関係は整理しておく必要がある。

繰延資産実務対応報告 5　支出の効果が期待されなくなった繰延資産と会計処理方法の継続性

次の文章を読んで，下記の設問に答えなさい。

支出の効果が期待されなくなった繰延資産は，その (a) を (b) に償却しなければならない。

(ア)同一の繰延資産項目については，その性質は一般的に同質のものと考えられるため，繰延資産に適用する会計処理方法は，原則として， (c) によらなければならない。同一の繰延資産項目に関する継続性の取扱いについては，同一の繰延資産項目についての会計処理が前事業年度にも行われている場合において，当事業年度の会計処理方法が前事業年度の会計処理方法と (d) ときは，原則として，会計方針の変更として (e) ものとする。前事業年度において同一の繰延資産項目がないため，会計処理が前事業年度において行われていない場合には，会計方針の変更として (f) こととする。

問1　本文中の□□□の中に適当な用語を入れなさい。

問2　下線部(ア)の同一の繰延資産には同一の会計処理方法の適用が求められるが，同一の繰延資産であっても支出内容に著しい変化がある場合にはどのような処理が求められるか説明しなさい。

ヒント ・・・

問2　繰延資産実務対応報告によれば，支出内容に著しい変化がある場合は，新たな会計事実が発生したものとみなして処理することができる。

解答例

問1 (a)未償却残高　(b)一時　(c)同一の方法　(d)異なる　(e)取り扱う　(f)取り扱わない

問2 同一の繰延資産であるならば，原則として同一の会計処理方法が適用されるが，同一の繰延資産であっても，支出内容に著しい変化がある場合には新たな会計事実の発生とみて，直近の会計処理方法とは異なる方法を選択することができる。異なる方法を選択した場合，変更に係る情報を注記する必要がある。

解　説

　繰延資産は，将来の期間に影響する特定の費用を，その将来における効果の発現を根拠に資産として計上した計算擬制項目である。したがって，その支出の効果が期待できなくなったということは，資産計上する理由がなくなったことを意味する。そのため，支出の効果が期待されなくなった繰延資産は，その未償却残高を一括して償却しなければならない。なお，その場合の償却額は特別損失として処理することが妥当である。

　繰延資産に係る会計処理方法についての基本的な考えとしては，同一の繰延資産については，同質のものと考えられるため，原則として，同一の方法が適用される。同一の繰延資産の会計処理方法が前期にも行われている場合に，当期の方法が前期の方法と異なるときは，原則として，会計方針の変更とみなす。ただし，支出内容に著しい変化がある場合には新たな会計事実の発生とみて，直近の会計処理方法とは異なる会計処理方法を選択することができる。この場合，直近の会計処理とは異なる会計処理方法を選択した旨，引き続き同一の会計処理方法を採用したと仮定した場合と比較したときの影響額及び会計方針の変更として取り扱わなかった理由（新たな会計事実の発生として判断した理由）を追加情報として注記しなくてはならない。

繰延資産 実務対応報告 6　計算問題：繰延資産の償却

以下の資料に基づいて各問におけるX3年3月31日の仕訳を示しなさい（小数点以下は四捨五入）。会計期間はX2年4月1日からX3年3月31日である。

〈資料1〉　決算整理残高試算表の一部
　　開発費：800,000円　　株式交付費：30,000円　　社債発行費：84,858円
〈資料2〉　社債はX2年4月1日に下記の要領で発行したものである。
　　額面総額：1,000,000円　　発行価額：1,000,000円　　償還期間：3年

問1　開発費は前期首に繰延資産として計上し，制度上認められている最長期間にわたって定額法で償却している。

問2　X0年4月1日に発行した株式の株式交付費を繰延資産として計上し，制度上認められている最長期間にわたって定額法で償却している。

問3　社債発行費を繰延資産として計上し，償却する。なお，(1)定額法の場合，(2)利息法（実効利子率3％）の場合，それぞれの仕訳を示しなさい。

ヒント

問1・問2　開発費は5年以内，株式交付費は3年以内に定額法によって償却をしなければならない。計算式は以下のようになる。

　　償却額＝未償却残高÷残存償却期間

問3　定額法では，社債発行費を社債の償還期間にわたって一定額ずつ償却する。一方，利息法では，社債発行で調達した資金の実効利子率のもと，社債発行費を償還期間にわたって償却する。計算式は以下のようになる。

　　定額法の場合：償却額＝未償却残高÷残存償還期間
　　利息法の場合：償却額＝（額面総額－未償却残高）×実効利子率

―――――――――――――――――〈 解答例 〉―――――――――――――――――

問1　（借）開 発 費 償 却　200,000　（貸）開　発　費　200,000
問2　（借）株式交付費償却　30,000　（貸）株 式 交 付 費　30,000
問3　(1)（借）社債発行費償却　28,286　（貸）社 債 発 行 費　28,286
　　　(2)（借）社債発行費償却　27,454　（貸）社 債 発 行 費　27,454

―――――――――――――――――〈 解　説 〉―――――――――――――――――

問1　開発費の償却期間は5年以内のその効果の及ぶ期間である。制度上認められる最長期間で償却するので，償却期間は5年となる。ただし，開発費は前期首に計上されているため，既に1年分は償却済みである。したがって残存償却期間は4年となるので，償却額の計算は以下のようになる。

　　　　償却額＝800,000÷（5年－1年）＝200,000円

問2　株式交付費の償却期間は3年以内のその効果の及ぶ期間である。制度上認められる最長期間で償却するので，償却期間は3年となる。X0年4月1日に発行された株式であるから，すでに2年が経過し，残存償却期間は1年を残すのみとなる。したがって当期の償却額の計算は以下のようになる。

　　　　償却額＝30,000÷（3年－2年）＝30,000円

問3
(1) 当期が償却初年度で，社債発行費が84,858円，社債の償還期間が3年であるから，償却額の計算は以下のようになる。

　　　　償却額＝84,858÷3年＝28,286円

(2) 当期が償却初年度で，平価発行の社債の額面総額が1,000,000円，社債発行費が84,858円，実効利子率が3％であるから，当期の償却額の計算は以下のようになる。

　　　　償却額＝（1,000,000－84,858）×0.03＝27,454円

⑥ 研究開発費等会計基準

研究開発費等会計基準　1　研究開発費の意義と原価要素

次の文章を読んで，下記の設問に答えなさい。

研究とは，新しい知識の発見を目的とした計画的な　(a)　をいう。

開発とは，新しい製品・サービス・生産方法（以下，「製品等」という。）についての　(b)　又は既存の製品等を著しく改良するための　(b)　として，　(c)　を具体化することをいう。

(ア)研究開発費には，人件費，原材料費，固定資産の減価償却費及び間接費の配賦額等，研究開発のために費消されたすべての原価が含まれる。特定の研究開発目的にのみ使用され，他の目的に使用できない機械装置や特許権等を取得した場合の原価は，取得時の研究開発費とする。

問1　本文中の□□□の中に適当な用語を入れなさい。
問2　下線部(ア)の研究開発費の意義を述べ，開発費との関係を説明しなさい。

●ヒント●

開発費の範囲である，新技術の採用は研究開発費に該当する場合がある。しかし，新経営組織の採用および市場の開拓については研究開発費には該当しない。また，資源の開発については研究開発費等会計基準の適用範囲外とされている。

解答例

問1 (a)調査及び探究 (b)計画若しくは設計 (c)研究の成果その他の知識

問2 研究とは，新しい知識の発見を目的とした計画的な調査及び探究をいい，開発とは，新しい製品・サービス・生産方法といった製品等についての計画若しくは設計又は既存の製品等を著しく改良するための計画若しくは設計として，研究の成果その他の知識を具体化することをいう。これらの研究と開発に係る費用が研究開発費とされる。一方，開発費とは，新技術又は新経営組織の採用，資源の開発，市場の開拓等のために支出した費用，生産能率の向上又は生産計画の変更等により，設備の大規模な配置替えを行った場合等の費用をいい，経常費の性格をもつものは開発費には含まれない。これらのうちの新経営組織の採用及び市場の開拓は研究開発に該当しないが，新技術の採用のうち研究開発目的のために導入する技術，特許等に係る技術導入費，特許権使用に関する頭金等は研究開発費に該当する。なお，資源の開発は研究開発費等会計基準の適用範囲外とされる。

解説

研究開発費等実務指針では，研究開発の範囲は，従来製造又は提供していた業務にはない，全く新たなものを生み出すための調査・探求活動や現在製造している製品又は提供している業務についての著しい改良であるか否かで決まるとされている。

なお，一定の契約のもとに，他の企業に行わせる研究開発は，研究開発費等会計基準の適用範囲だが，他の企業のために行う研究開発，及び探査，掘削等の鉱業における資源の開発に特有の活動，企業結合により被取得企業から受け入れた資産（受注制作，市場販売目的及び自社利用のソフトウェアを除く。）は適用範囲ではない。

研究開発費等会計基準 2 研究開発費の会計処理と注記

次の文章を読んで，下記の設問に答えなさい。

(ア)研究開発費は，すべて [(a)] に [(b)] として処理しなければならない。

なお，ソフトウェア制作費のうち，研究開発に該当する部分も研究開発費として費用処理する。[(b)] として処理する方法には，[(c)] として処理する方法と [(d)] として処理する方法がある。

[(c)] 及び [(d)] に含まれる研究開発費の総額は，財務諸表に注記しなければならない。

問1 本文中の□□□の中に適当な用語を入れなさい。

問2 下線部(ア)の研究開発費について，(1)研究開発費等会計基準における処理方法と，(2)その他に考えられる処理方法を説明しなさい。

問3 上記問2(1)で述べた方法が，研究開発費等会計基準において認められている理由を説明しなさい。

ヒント

問2 研究開発費の処理方法としては，発生時に全額を費用計上する方法，全額を資産計上する方法，一定の条件を満たした場合に資産計上する方法，一時的に特定の勘定に計上する方法が考えられる。

問3 研究開発費の会計処理方法に関する問題点として，資産計上した場合の資産性，複数の会計処理方法から選択可能とした場合の財務諸表の比較可能性，および資産計上における恣意性といった点が指摘される。

<解答例>

問1 (a)発生時 (b)費用 (c)一般管理費 (d)当期製造費用

問2(1) 研究開発費等会計基準において、研究開発費は、すべて発生時に費用として処理しなければならないとされている。

(2) (1)以外の処理方法としては、全額を資産として計上する方法、資産性が認められる等、一定の条件を満たした場合に資産計上する方法、試験研究の成否が判明するまで特定の勘定に計上し、判明後に資産もしくは費用とする方法が考えられる。

問3 研究開発費は、重要な投資情報を提供するため、企業間の比較可能性を担保することが必要であり、費用処理又は資産計上を任意とする会計処理は不適当である。また、研究開発費は、発生時点では将来的な収益獲得が不確実であり、たとえ研究開発の進行とともに収益獲得の可能性が高まったとしても、依然として確実であるとはいえない。そのため、研究開発費を資産計上することは適当でないと考えられる。さらに、一定の要件を満たすものについて資産計上を強制する場合には、資産計上の要件を定める必要がある。しかし、客観的に判断可能な要件を規定することは困難であり、抽象的な要件のもとで資産計上を認めた場合、企業間の比較可能性が損なわれる可能性がある。そこで、研究開発費は発生時に費用として処理することとされている。

<解 説>

研究開発費等実務指針によれば、一般に、研究開発費は、新製品の計画・設計又は既存製品の著しい改良等のために発生する費用であり、原価性が認められないため、一般管理費として処理する。ただし、製造現場において研究開発が行われ、かつ当該研究開発に要した費用を一括して製造現場で発生する原価に含めて計上しているような場合があることから、研究開発費を当期製造費用に算入する方法も認められている。

研究開発費等会計基準 3 ソフトウェア制作における研究開発費とソフトウェア制作費

次の文章を読んで，下記の設問に答えなさい。

　(a) とは，コンピュータを機能させるように指令を組み合わせて表現したプログラム等をいう。

　(ア)ソフトウェア制作費のうち，研究開発に該当する部分も (b) として (c) 処理する。(c) として処理する方法には，(d) として処理する方法と (e) として処理する方法がある。

　市場販売目的のソフトウェアについては，最初に製品化された製品マスターの (f) までの費用及び製品マスター又は購入したソフトウェアに対する (g) に要した費用が研究開発費に該当する。

　ソフトウェアに係る研究開発費については，研究開発費の総額に含めて財務諸表に注記することとする。

問1　本文中の □ の中に適当な用語を入れなさい。
問2　下線部(ア)のソフトウェア制作費とはいかなるものか説明しなさい。
問3　下線部(ア)のソフトウェア制作費の会計処理方法について説明しなさい。

ヒント

問3　資産計上する場合，棚卸資産として処理するケースと無形固定資産として処理するケースがある。同様に，費用計上する場合，発生時にソフトウェア制作費として処理するケースや研究開発費として処理するケース等がある。

解答例

問1 (a)ソフトウェア (b)研究開発費 (c)費用 (d)一般管理費
(e)当期製造費用 (f)完成 (g)著しい改良

問2 コンピュータを機能させるように指令を組み合わせて表現したプログラム等をソフトウェアといい，そのための支出をソフトウェア制作費という。

問3 ソフトウェア制作費は，資産計上される場合と費用計上される場合がある。受注制作の場合の制作費は棚卸資産もしくは売上原価として計上される。また，市場販売目的かつソフトウェア完成後の通常の改良に関する制作費と自社利用目的かつ将来の収益獲得や費用削減が確実な制作費とは，無形固定資産として計上される。研究開発に該当する制作費は研究開発費として費用処理される。また，市場販売を目的とする場合で製品マスターの機能維持に要した制作費と将来の収益獲得又は費用削減が確実であると認められない制作費とは，発生時に費用処理される。

解 説

研究開発費等会計基準では，企業活動におけるソフトウェアの重要性がますます高まっていること，その制作のための支出額も多額になっていることを根拠として，ソフトウェア制作の過程における研究開発の範囲を明確化し，研究開発費に該当するソフトウェア制作費と研究開発費に該当しないソフトウェア制作費に係る会計処理を規定している。

研究開発費等実務指針においてソフトウェアとは，コンピュータ・ソフトウェアをいい，コンピュータに一定の仕事を行わせるためのプログラムとシステム仕様書，フローチャート等の関連文章とが含まれる。コンテンツは，ソフトウェアとは別個のものとして取り扱う。ただし，ソフトウェアとコンテンツが経済的・機能的に一体不可分と認められるような場合には，両者を一体として取り扱うことができる。

研究開発費等会計基準 4 ソフトウェア制作費の目的別会計処理

次の文章を読んで，下記の設問に答えなさい。

研究開発費等に係る会計基準の設定に関する意見書の「三　要点と考え方」における「3　ソフトウェア制作費について」では以下のようにソフトウェア制作費を目的別に会計処理することが説明されている。

研究開発目的のソフトウェアの制作費は (a) として処理されることとなるが，研究開発目的以外のソフトウェアの制作費についても，制作に要した費用のうち研究開発に該当する部分は (a) として処理する。

(a) に該当しない(ア)ソフトウェア制作費の会計基準を制作目的別に定めるにあたっては， (b) 目的のソフトウェアと (c) のソフトウェアとに区分し， (b) 目的のソフトウェアをさらに (d) のソフトウェアと (e) 目的のソフトウェアに区分することとした。

問1　本文中の　　　の中に適当な用語を入れなさい。
問2　研究開発費等会計基準においても下線部(ア)のように，ソフトウェア制作費は制作目的に基づき区分され，それぞれの区分ごとに会計処理方法が規定されている。それら区分を説明しなさい。

ヒント

研究開発費等に係る会計基準の設定に関する意見書によれば，ソフトウェアの制作費は，その制作目的により，将来の収益との対応関係が異なること等から，ソフトウェア制作費に係る会計基準は，取得形態（自社制作，外部購入）別ではなく，制作目的別に設定することとした。

<解答例>

問1 (a)研究開発費 (b)販売 (c)自社利用 (d)受注制作 (e)市場販売

問2 ソフトウェア制作費は研究開発目的と研究開発目的以外に区分される。研究開発目的以外の制作費は販売目的と自社利用目的に分けられる。販売目的の制作費は受注制作目的と市場販売目的に区分される。市場販売目的の制作費は，最初に製品化された製品マスター完成までの制作費，製品マスター又は購入ソフトウェアの機能の改良・強化のための費用のうち，著しい改良と認められる制作費と著しい改良と認められない制作費，およびバグ取り等，機能維持に要した費用に区分される。自社利用目的のソフトウェア制作費は，将来の収益獲得又は費用削減が確実であると認められる場合の制作費や購入費とそれらが確実であると認められる場合以外の制作費や委託制作費とに分けられる。

<解 説>

ソフトウェア制作費の会計処理方法は下表のように整理できる。

ソフトウェア制作費の会計処理

ソフトウェアの制作目的				会計処理
研究開発目的				研究開発費
販売目的	受注制作の場合			売上原価もしくは棚卸資産
	市場販売の場合	最初に製品化された製品マスター完成までの制作費		研究開発費
		製品マスター又は購入ソフトウェアの機能の改良・強化のための制作費	著しい改良と認められるもの	研究開発費
			著しい改良と認められるもの以外	無形固定資産
		ソフトウェアのバグ取り等，機能維持に要した費用		発生時に費用計上
自社利用	将来の収益獲得又は費用削減が確実であると認められる場合の制作費や購入費			無形固定資産
	将来の収益獲得又は費用削減が確実であると認められる場合以外の制作費や委託制作費			発生時に費用計上

研究開発費等会計基準 5 販売目的のソフトウェアの会計処理

次の文章を読んで，下記の設問に答えなさい。

　(a) のソフトウェアの制作費は， (b) の会計処理に準じて処理する。

　市場販売目的のソフトウェアである (c) の制作費は， (d) に該当する部分を除き， (e) として計上しなければならない。ただし， (c) の (f) に要した費用は， (e) として計上してはならない。

　市場販売目的のソフトウェア及び自社利用のソフトウェアを (e) として計上する場合には， (f) の区分に計上しなければならない。制作途中のソフトウェアの制作費については， (f) の仮勘定として計上することとする。

問1　本文中の□□□の中に適当な用語を入れなさい。
問2　以下の場合における販売目的のソフトウェア制作費の会計処理を説明しなさい。
(1)　受注制作の場合
(2)　市場販売目的の場合

ヒント ●●

　販売目的のソフトウェア制作費の会計処理は，受注制作の場合と市場販売の場合とで異なる。また，販売目的であっても研究開発に該当するソフトウェア制作費は研究開発費として処理される。

解答例

問1 (a)受注制作 (b)請負工事 (c)製品マスター (d)研究開発費 (e)資産 (f)無形固定資産

問2(1) ソフトウェアの制作費のうち、受注制作のソフトウェア制作費は請負工事の会計処理に準じて処理する。すなわち、受注制作の進捗部分に成果の確実性が認められる場合は工事進行基準を適用し、成果の確実性が認められない場合は工事完成基準を適用する。その結果、売上原価もしくは棚卸資産として処理される。なお、受注制作のソフトウェア制作費であっても研究開発活動に係るものは、研究開発費として処理する。

(2) ソフトウェアの制作費のうち、市場販売目的のソフトウェアである製品マスターの制作費は、無形固定資産として計上しなければならない。ただし、最初に製品化された製品マスターの完成までの費用及び製品マスター又は購入したソフトウェアに対する著しい改良に要した費用は研究開発費に該当する。また、製品マスターの機能維持に要した費用は、資産計上せずに、発生時の費用として処理しなくてはならない。

解説

問2(1) 工事進行基準の場合、工事原価に準じ、進捗度を見積り、当期に認識された収益と対応させて売上原価として処理される。工事完成基準の場合、未成工事支出金に準じ、完成・引渡しまで、棚卸資産として処理される。

(2) 市場販売目的ソフトウェアは、最初に製品化された製品マスターの完成時点で研究開発の終了とみなす。したがってこの時点までに発生した費用は研究開発費となる。製品マスター又は購入したソフトウェアの機能の改良・強化を行う制作活動の費用は、製品マスターが、販売物ではなく、コピーして製品を作成すること、著作権を有すること及び適正な原価計算により取得原価を明確化できることから、無形固定資産として処理される。ただし、著しい改良と認められるものは、研究開発に該当するので、研究開発費とする。

研究開発費等会計基準 6 自社利用のソフトウェアの会計処理

次の文章を読んで，下記の設問に答えなさい。

ソフトウェアを用いて外部へ業務処理等のサービスを提供する契約等が締結されている場合のように，その提供により将来の収益獲得が確実であると認められる場合には，(a) を集計した上，当該ソフトウェアの制作費を (b) として計上しなければならない。

社内利用のソフトウェアについては，完成品を購入した場合のように，その利用により将来の収益獲得又は費用削減が確実であると認められる場合には，当該ソフトウェアの取得に要した費用を (b) として計上しなければならない。

(c) に組み込まれているソフトウェアについては，当該 (c) に含めて処理する。

問1 本文中の◯の中に適当な用語を入れなさい。
問2 自社利用目的ソフトウェアの制作費のうち，(1)サービス提供目的の制作費および(2)社内利用目的の制作費，それぞれの会計処理を説明しなさい。
問3 自社利用目的ソフトウェアの制作費の資産計上の論拠を述べなさい。

ヒント

自社利用目的のソフトウェア制作費の会計処理は，上記の穴埋め問題にもあるように，サービス提供目的の場合と社内利用目的の場合とで異なる。また，自社利用目的であっても研究開発に該当するソフトウェア制作費は研究開発費として処理される。

=== 解答例 ===

問1 (a)適正な原価 (b)資産 (c)機械装置等

問2(1) 自社利用目的のソフトウェア制作費のうちサービス提供目的のものは，ソフトウェアを用いてサービスを提供する契約等が締結されているときのように，その提供により将来の収益獲得が確実であると認められる場合，将来収益との対応を考慮して，適正な原価を集計した上，当該ソフトウェア制作費を無形固定資産として計上する。一方，将来の収益獲得が確実であると認められる場合以外は費用として処理する。

(2) 自社利用目的のソフトウェア制作費のうち社内利用のものは，完成品購入のように，その利用により将来の収益獲得又は費用削減が確実であると認められる場合，当該ソフトウェアの取得費用を無形固定資産として計上する。一方，将来の収益獲得が確実であると認められる場合以外は費用として処理する。

問3 自社利用目的のソフトウェア制作費のうち，将来の収益獲得又は費用削減が確実である費用は，将来収益との対応等の観点から，資産計上し，利用期間にわたって償却することが合理的であると考えられるためである。

=== 解説 ===

　自社利用目的のソフトウェア制作費は，まず，そのソフトウェアの利用により将来の収益獲得又は費用削減が確実であることが認められるか否かを判断する必要がある。将来の収益獲得又は費用削減が確実である自社利用のソフトウェア制作費は，将来の収益との対応等の観点から，その取得費用を資産計上し，その利用期間にわたって償却を行うべきと考えられるためである。したがって，ソフトウェアを用いて外部に業務処理等のサービスを提供する契約が締結されている場合や完成品を購入した場合は，将来の収益獲得又は費用削減が確実であると認められるため，当該費用を無形固定資産として処理する。一方，確実と認められない又は確実かどうか不明な場合は費用として処理する。

研究開発費等会計基準　7　資産計上したソフトウェアの減価償却

次の文章を読んで，下記の設問に答えなさい。

無形固定資産として計上したソフトウェアの (a) は，当該ソフトウェアの性格に応じて， (b) に基づく償却方法その他合理的な方法により償却しなければならない。ただし，毎期の償却額は， (c) に基づく (d) を下回ってはならない。

問1　本文中の□の中に適当な用語を入れなさい。
問2　無形固定資産として計上した市場販売目的ソフトウェアの合理的な減価償却方法について説明しなさい。
問3　無形固定資産として計上した自社利用ソフトウェアの合理的な減価償却方法について説明しなさい。
問4　市場販売目的ソフトウェアの販売開始後，見込販売数量（又は見込販売収益）の当初見積りを変更した場合，どのように処理すべきか説明しなさい。

ヒント

問2　市場販売目的ソフトウェアは見込販売数量に基づく方法および見込販売収益に基づく方法が合理的な方法とされている。
問3　自社利用ソフトウェアは定額法での償却が合理的な方法とされている。
問4　見込販売数量（又は見込販売収益）の見直しの結果，販売開始時の総見込販売数量（又は総見込販売収益）を変更することがある。その場合，変更以降は当該見込販売数量（又は見込販売収益）を利用する。

解答例

問1 (a) 取得原価 (b)見込販売数量 (c)残存有効期間 (d)均等配分額

問2 市場販売目的のソフトウェアについては，合理的な償却方法として，見込販売数量に基づく方法と見込販売収益に基づく方法がある。ただし，毎期の償却額は，残存有効期間に基づく均等配分額を下回ってはならないため，見込販売数量又は見込販売収益に基づく償却額と残存有効期間に基づく均等配分額とのいずれか大きい金額を償却額とすることになる。その際の耐用年数は原則として3年以内であり，3年を超える場合には合理的な根拠が必要とされる。

問3 自社利用のソフトウェアについては，収益との対応が希薄である上に，物理的な劣化を伴わないため，一般に，定額法による償却が合理的であるとされる。その際の耐用年数は原則として5年以内であり，5年を超える場合には合理的な根拠が必要とされる。

問4 見込販売数量（又は見込販売収益）を見直した結果，変更した場合には，変更後の見込販売数量（又は見込販売収益）に基づき，当期及び将来の期間の損益で認識する。また，未償却残高が翌期以降の見込販売収益額を超過している場合の当該超過額は，一時の費用又は損失として処理する。

解説

市場販売目的のソフトウェアは，見込販売数量（又は見込販売収益）に基づき以下の計算式によって減価償却額が求められる。

$$当期減価償却額 = 期首未償却残高 \times \frac{当期実績販売数量（実績販売収益）}{期首見込販売数量（見込販売収益）}$$

自社利用のソフトウェアは，以下のような定額法による償却が合理的であるとされる。

$$当期減価償却額 = \frac{取得原価}{残存耐用年数}$$

研究開発費等会計基準 8 計算問題：資産計上したソフトウェアの償却

　市場販売目的ソフトウェア（X1年期首に資産計上，取得原価6,000万円，見込有効期間3年，定額法）について下記の設問に答えなさい。なお，ソフトウェアの見込有効期間には変更がなかったものとする。

問1　見込販売数量に基づく方法による各期の減価償却費を計算しなさい。なお，各期とも下記の見込販売数量が達成されたものとする。
　　見込販売数量　X1年：100個　X2年：240個　X3年：160個

問2　見込販売収益に基づく方法による各期の減価償却費を計算しなさい。なお，各期とも下記の見込販売収益が達成されたものとする。
　　見込販売収益　X1年：16,000万円　X2年：14,000万円　X3年：10,000万円

問3　以下の資料に基づき，見込販売数量に基づく方法を利用した場合の各期の減価償却費を計算しなさい。

> 資料1　X1年期首における各期の見込販売数量
> 　　　　X1年：6,000個　X2年：5,000個　X3年：4,000個
> 資料2　X1年期末における当期販売実績：6,000個
> 資料3　X2年期首における各年度の見込販売数量
> 　　　　X2年：4,000個　X3年：4,000個
> 資料4　X2年期末における当期販売実績：2,000個

ヒント

　毎期の償却額は，残存有効期間に基づく均等配分額を下回ってはならないことに注意する。

―――――――――――――――――< 解答例 >―――――――――――――――――

問1	X1年：2,000万円	X2年：2,400万円	X3年：1,600万円
問2	X1年：2,400万円	X2年：2,100万円	X3年：1,500万円
問3	X1年：2,400万円	X2年：1,800万円	X3年：1,800万円

―――――――――――――――――< 解　説 >―――――――――――――――――

問1　X1年：$6,000 \times 100/(100+240+160) = 1,200$

　　　　　　$6,000/3$ 年 $= \underline{2,000}$

　　　X2年：$(6,000-2,000) \times 240/(240+160) = \underline{2,400}$

　　　　　　$4,000/2$ 年 $= 2,000$

　　　X3年：$6,000-2,000-2,400 = 1,600$

問2　X1年：$6,000 \times 16,000/(16,000+14,000+10,000) = \underline{2,400}$

　　　　　　$6,000/3$ 年 $= 2,000$

　　　X2年：$(6,000-2,400) \times 14,000/(14,000+10,000) = \underline{2,100}$

　　　　　　$3,600/2$ 年 $= 1,800$

　　　X3年：$6,000-2,400-2,100 = 1,500$

問3　X1年：$6,000 \times 6,000/(6,000+5,000+4,000) = \underline{2,400}$

　　　　　　$6,000/3$ 年 $= 2,000$

　　　X2年：$(6,000-2,400) \times 2,000/(4,000+4,000) = 900$

　　　　　　$3,600/2$ 年 $= \underline{1,800}$

　　　X3年：$6,000-2,400-1,800 = 1,800$

⑦ 自己株式等会計基準

自己株式等会計基準　1　自己株式の取得と保有

次の文章を読んで，下記の設問に答えなさい。

取得した自己株式は，(ア)取得原価をもって純資産の部の(イ)株主資本から控除する。

対価が金銭以外の場合の自己株式の取得原価は，企業集団内の企業から取得する場合は，移転された資産及び負債の適正な　(a)　により算定する。また，対価として自社の他の種類の株式を交付する場合の取得原価は，(1)他の種類の新株を発行する場合は　(b)　，(2)他の種類の自己株式を処分する場合は処分した自己株式の　(c)　とする。

その他の場合の取得原価は，取得の対価となる財の　(d)　と取得した自己株式の　(e)　のうち，より高い信頼性をもって測定可能な価額で算定する。

問1　本文中の　　　の中に適当な用語を入れなさい。
問2　下線部(ア)の取得原価の算定に当たって，付随費用の取り扱いとその根拠について説明しなさい。
問3　下線部(イ)の自己株式を株主資本の控除として扱う論拠について説明しなさい。

ヒント ……………………………………………………………………

問2　自己株式の取得の際の付随費用は取得原価に算入しない。
問3　自己株式の取得は資本取引と見なされる。

=== 解答例 ===

問1 (a)帳簿価額　(b)零　(c)帳簿価額　(d)時価　(e)時価

問2 自己株式の取得の際の付随費用は，営業外費用として損益計算書に計上する。これは，自己株式の取得を資本取引と捉えるが，付随費用は株主との資本取引ではないことと，新株発行費等の会計処理との整合性をその根拠としている。

問3 自己株式を株主資本から控除するという方法は，自己株式の取得は株主との間の資本取引であるという考え方を根拠にしている。すなわち，自己株式の取得は，会社所有者に対する会社財産の払戻しの性格を有しているとみなすことができるからである。

=== 解　説 ===

問1 自己株式の取得の対価が金銭以外の場合の取得原価の算定については，自己株式等会計基準適用指針7項－9項参照。

問2 自己株式の取得，処分および消却時の付随費用については，それが株主との資本取引ではないために，財務費用と考えて損益計算書に計上する方法と，付随費用を自己株式本体の取引と一体と考え，取得に要した費用は取得価額に含め，処分等に要した費用は自己株式処分差額等を調整する方法がある。自己株式等会計基準では，新株発行費用を株主資本から減額していない処理との整合性から，損益計算書で認識する方法を採用している（14項，50項－53項参照）。

問3 自己株式の解釈については，資産説と資本控除説の考えがある。資産説は自己株式を取得したのみでは株式は失効しておらず，他の有価証券と同様に換金性のある会社財産とみられることを主な論拠とする。資本控除説は，自己株式の取得は株主との間の資本取引であり，会社所有者に対する会社財産の払戻しの性格を有することを主な論拠とする（自己株式等会計基準30項－32項参照）。

自己株式等会計基準 2 自己株式の処分・消却

次の文章を読んで，下記の設問に答えなさい。

(ア)自己株式の処分によって生じた自己株式処分差額のうち，自己株式処分差益は [(a)] に計上し，自己株式処分差損は [(a)] から減額するが，[(a)] から控除しきれない場合には，会計期間末において，その負の値を [(b)] から減額する。

また，(イ)自己株式を消却した場合には，消却手続きが完了したときに，消却の対象となった自己株式の帳簿価額を [(a)] から減額するが，処分時と同様に，[(a)] が負の値になる場合には [(b)] から減額する。

なお，自己株式の処分及び消却時の帳簿価額は，会社の定めた計算方法によって [(c)] ごとに算定する。

問1　本文中の [　　] の中に適当な用語を入れなさい。

問2　下線部(ア)のように，自己株式処分差益を [(a)] に計上する理由を説明しなさい。

問3　下線部(イ)の自己株式の消却が個別貸借対照表の資産及び負債に与える金額的影響を説明しなさい。

ヒント

問2　自己株式の処分は取得と同様資本取引と見なされる。
問3　取得時の仕訳と消却時の仕訳を想定すること。

解答例

問1 (a)その他資本剰余金　(b)その他利益剰余金　(c)株式の種類

問2 　自己株式の取得が資本取引であると捉えるならば，その処分も同様である。従って，自己株式の処分は新株の発行と同様の経済的効果を有するものと考えられる。そのため，自己株式処分差益も株主からの払込資本と同様の性格を持ったものとなり，資本剰余金とするのが適切と考えられる。ただし，その他資本剰余金とすることは，会社法の規定によるものである。

問3 　一切影響しない。

解説

問2 　自己株式取引を株主との資本取引と見なすならば，自己株式を募集株式の発行等の手続きで処分する場合，自己株式の処分に際して支払われる対価は，株主による払込資本と位置づけられる。それゆえ，自己株式処分差益は資本剰余金とすることが適切であると考えられる。

　また，会社法では，剰余金の配当規制に関する規定上，自己株式処分差益は控除項目たる資本準備金とされていないため，その他資本剰余金としている。

　同様に考えるならば，自己株式処分差損が資本剰余金の残高を超過する場合にはこれが負の値となる。しかし，資本剰余金が株主からの払込資本のうち資本金に含まれないものである以上，負の残高となることは想定されていない。したがって，利益剰余金で補填する他はないとの理由から利益剰余金を減額するとしている（自己株式等会計基準36項－43項参照）。

問3 　取得時に取得価額分の資産の流出を伴うが，その時点ですでに株主資本の控除項目として扱われるために，消却時には単に株主資本との相殺仕訳を行うにすぎないので，資産・負債の金額には一切影響しない（計算問題参照のこと）。

自己株式等会計基準 3 連結財務諸表における子会社・関連会社が保有する親会社株式等の取扱い

次の文章を読んで，下記の設問に答えなさい。

連結子会社が保有する親会社株式は，親会社が保有している (a) と合わせ，純資産の部の(ア)株主資本に対する控除項目として表示する。

(イ)連結子会社における親会社株式の売却損益（内部取引によるものを除いた親会社持分相当額）の会計処理は，親会社における (b) の会計処理と同様とする。少数株主持分相当額は (c) に加減する。

問1　本文中の□□の中に適当な用語を入れなさい。
問2　下線部(ア)の株主資本から控除する金額について説明しなさい。
問3　下線部(イ)の連結子会社における親会社株式の売却損益の計算にあたって，税金の扱いを説明しなさい。

ヒント

問2　資本連結における子会社の資本勘定と親会社の投資勘定との相殺消去の処理を想定するとよい。

―――――― 解答例 ――――――

問1　(a)自己株式　(b)自己株式処分差額　(c)少数株主利益（又は損失）

問2　連結子会社が保有する親会社株式を株主資本から控除する際，その金額は親会社株式の親会社持分相当額とし，少数株主持分相当額は少数株主持分から控除する。

問3　連結子会社における親会社株式の売却損益は，関連する法人税，住民税及び事業税を控除後のものとする。

―――――― 解　説 ――――――

問2　自己株式等会計基準15項参照。

問3　自己株式等会計基準適用指針16項。

　連結子会社が保有する親会社株式の持分相当額は，企業集団の観点からは親会社が保有する自己株式と同様の性格であると考えられる。それゆえ，連結財務諸表上の表示にあたっては，親会社が保有する自己株式と合算表示され，処分差額についても自己株式処分差額と同様に処理することが求められる（自己株式等会計基準55項－56項）。

　これは，持分法の適用対象となっている子会社及び関連会社における親会社株式等（子会社においては親会社株式，関連会社においては当該会社に対して持分法を適用する投資会社の株式）についても適用される。

自己株式等会計基準 4 資本金及び準備金の減少の会計処理

次の文章を読んで，下記の設問に答えなさい。

(ア)資本剰余金の各項目は，利益剰余金の各項目と混同してはならない。したがって，(イ)資本剰余金の利益剰余金への振替は原則として認められない。

資本金および資本準備金の額の減少によって生ずる剰余金は，会社法における減少の法的効力が発生したときに， (a) に計上する。

利益準備金の額の減少によって生ずる剰余金は，会社法における減少の法的効力が発生したときに， (b) （ (c) ）に計上する。

問1 本文中の _____ の中に適当な用語を入れなさい。

問2 下線部(ア)のように，資本剰余金と利益剰余金を混同してはならない理由を説明しなさい。

問3 下線部(イ)の例外として，資本剰余金を利益剰余金に振り替えることが認められる場合とその理由を説明しなさい。

ヒント ••

問2 『企業会計原則』一般原則の資本取引・損益取引区分の原則（剰余金区分の原則）を想定すると良い。

解答例

問1　(a)その他資本剰余金　(b)その他利益剰余金　(c)繰越利益剰余金

問2　資本剰余金と利益剰余金は，そもそもその源泉が払込資本と稼得資本（留保利益）という相違がある。それゆえ，資本剰余金と利益剰余金を混同してしまうと，適正な期間損益計算ができなくなるだけでなく，本来維持されるべき払込資本が配当として社外に流出してしまい，財務の健全性を損ねてしまうことになるため，両者の混同は禁止されている。

問3　資本剰余金を利益剰余金に振り替えることが認められるのは，利益剰余金が負の残高の時に，その他資本剰余金で補填する場合である。これは，利益剰余金が負の残高であるということは，その時点で払込資本が毀損していることを意味しており，両者の区分の問題にはあたらないと考えられるからである。

解説

問2　元来，払込資本たる資本金及び資本剰余金は，会計上，維持拘束されるべきものである。しかし，会社法上は，計数の変動により，資本金および資本準備金を減少させたことによってその他資本剰余金に振り替えられたものは配当可能限度額に含められる。しかし，これは，必ずしも資本剰余金と利益剰余金の混同を許容したものではないため，会計上はこれを混同することを禁止することとしている（自己株式等会計基準60項参照）。

問3　会社法452条は，株主総会の決議により，剰余金の計数の変更を認めているが，会計上は，利益剰余金が年度決算時に負の残高となっている場合に限りその他資本剰余金による補填が認められる。なぜならば，年度決算単位でみた場合，期中において発生した負の残高の利益剰余金をその都度資本剰余金で補填することは資本剰余金と利益剰余金の混同になることがあるからである（自己株式等会計基準61項参照）。

「企業会計原則3　資本取引・損益取引区分の原則」も参照のこと。

5 計算問題：自己株式の取得・処分・消却

以下の一連の取引の仕訳を示しなさい。なお，会計期間は4月1日から3月31日までの1年である。

1　X1年7月15日，自己株式を@10,000円で10,000株取得した。なお，代金は手数料500,000円とともに現金で支払った。

2　X1年10月1日，上記自己株式のうち2,000株を@12,000円で市場で売却し，代金は現金で受け取った。

3　X2年1月20日，上記自己株式のうち3,000株を@8,500円で市場で売却し，代金は現金で受け取った。

4　X2年3月31日，自己株式の処分に関して必要な処理を行った。なお，この一連の取引によって生じた剰余金を除き，その他資本剰余金，繰越利益剰余金の残高はそれぞれ30,000,000円，12,000,000円である。

5　X5年7月10日，上記自己株式の残り5,000株を消却した。なお，X5年3月決算の結果，その他資本剰余金および繰越利益剰余金の残高はそれぞれ42,000,000円，25,000,000円である。

― 解 答 ―

1	(借)	自 己 株 式	100,000,000	(貸)	現 金 預 金	100,500,000
		支 払 手 数 料	500,000			
2	(借)	現 金 預 金	24,000,000	(貸)	自 己 株 式	20,000,000
					自己株式処分差益	4,000,000
3	(借)	現 金 預 金	25,500,000	(貸)	自 己 株 式	30,000,000
		自己株式処分差損	4,500,000			
4	(借)	自己株式処分差益	4,000,000	(貸)	自己株式処分差損	4,500,000
		その他資本剰余金	500,000			
5	(借)	その他資本剰余金	42,000,000	(貸)	自 己 株 式	50,000,000
		繰越利益剰余金	8,000,000			

― 解 説 ―

1 自己株式の取得並びに売却に係る手数料は営業外費用として処理する。

2・3 自己株式処分差益はその他資本剰余金に計上され（自己株式等会計基準9項），自己株式処分差損はその他資本剰余金から減額する（自己株式等会計基準10項）。しかし，自己株式処分差損がその他資本剰余金の残高を超える場合に繰越利益剰余金から補填するのは，会計期末において行う方法が適切と考えられているため（自己株式等会計基準42項），期中にはそれぞれ自己株式処分差益，自己株式処分差損とし，決算日で必要な処理を行う。

4 自己株式処分差益と自己株式処分差損を相殺し，貸方残高の場合はその他資本剰余金とする。借方残高となる場合は，その他資本剰余金と相殺し，相殺しきれない場合は繰越利益剰余金と相殺する（自己株式等会計基準12項）。

5 自己株式を消却する際は，まずはその他資本剰余金と相殺するが（自己株式等会計基準11項），その結果，残高が負の値となる場合は，繰越利益剰余金から減額する（自己株式等会計基準12項）。

自己株式等会計基準 6 計算問題：自己株式の処分と新株の発行を同時に行った場合

以下の取引の仕訳を示しなさい。なお，新株の発行に対応する払込金額はすべて資本金に組み入れるものとし，払込期日までの処理は考慮しないものとする。

1 以下の条件で募集株式を発行した。
  (a) 募集株式数　100株（うち，新株の発行40株，自己株式の処分60株）
  (b) 払込金額　1株につき10,000円
  (c) 処分する自己株式の帳簿価額　9,000円
2 以下の条件で募集株式を発行した。
  (a) 募集株式数　100株（うち，新株の発行40株，自己株式の処分60株）
  (b) 払込金額　1株につき10,000円
  (c) 処分する自己株式の帳簿価額　12,000円
3 以下の条件で募集株式を発行した。
  (a) 募集株式数　100株（うち，新株の発行40株，自己株式の処分60株）
  (b) 払込金額　1株につき10,000円
  (c) 処分する自己株式の帳簿価額　18,000円

```
―――――――――――――――――――――〈 解答例 〉―――――――――――――――――――――

1 （借）現 金 預 金   1,000,000   （貸）資   本   金      400,000
                                    自 己 株 式      540,000
                                    その他資本剰余金    60,000
2 （借）現 金 預 金   1,000,000   （貸）資   本   金      280,000
                                    自 己 株 式      720,000
3 （借）現 金 預 金   1,000,000   （貸）自 己 株 式    1,080,000
       その他資本剰余金    80,000
```

―――――――――――――――――――――〈 解　説 〉―――――――――――――――――――――

1　新株の発行に対応する払込金額　1,000,000×40株÷100株＝400,000
　　自己株式の処分価額　　　　　　1,000,000×60株÷100株＝600,000
　　自己株式処分差益　　　　　　　600,000－540,000＝60,000
　　自己株式処分差益はその他資本剰余金とする。
2　自己株式処分差損　600,000－720,000＝－120,000
　　自己株式処分差損は資本金から控除する。
　　資本金　　　　　　400,000－120,000＝280,000
3　自己株式処分差損　600,000－1,080,000＝－480,000
　　自己株式処分差損は資本金から控除するが，本問の場合控除しきれないので，資本金を計上せず，かつ，その差額はその他資本剰余金を減額する。

8

役員賞与会計基準

役員賞与
会計基準　1　役員賞与

次の文章を読んで，下記の設問に答えなさい。

従来，役員報酬は発生時に費用として処理する一方，役員賞与については利益処分により支給し，利益剰余金の減少として処理していた。しかし，役員賞与会計基準により，(ｱ)役員賞与は，　(a)　した会計期間の　(b)　として処理すると規定された。役員賞与を期末後の株主総会の決議事項とする場合，その支給は株主総会の決議が前提となるので，決議事項とする額又はその見込額を，原則として，　(c)　に計上することになる。

役員賞与を費用処理する理由として，①役員賞与と役員報酬の類似性と，②役員賞与と役員報酬の支給手続があげられる。①は，役員報酬は確定報酬あるいは業績連動型報酬としていずれも職務執行の　(d)　として支給され費用として処理されており，役員賞与も経済的実態としては費用処理される業績連動型報酬と同様の性格であると考えられるためである。②は，役員賞与と役員報酬は職務執行の対価として支給されるが，支給手続の相違により影響を受けるものではないと考えられるためである。

問１　本文中の　　　の中に適当な用語を入れなさい。
問２　下線部(ｱ)について，役員とは誰かあげなさい。
問３　役員賞与を費用処理する理由を説明しなさい。
問４　従来，役員賞与を利益剰余金の減少と処理していた理由を説明しなさい。

ヒント

問４　業績連動型の性格を有しており，利益処分案の決議事項であった。

―――――――――――――< 解答例 >―――――――――――――

問1　(a)発生　(b)費用　(c)引当金　(d)対価

問2　役員賞与会計基準1項では取締役，会計参与，監査役及び執行役をあげている。

問3　役員賞与を費用として処理する理由は，役員報酬の処理との整合性である。役員報酬は確定報酬であっても業績連動型報酬であっても，職務執行の対価として費用処理されてきている。役員賞与は業績連動型報酬と同様の性格を持っているにもかかわらず，すなわち経済的実態は同じであるにもかかわらず異なる処理を適用することの不整合を解消するため，役員賞与を役員報酬の処理に合わせて費用処理することにしている。さらに，支給手続きについては，会社法では，役員賞与は，役員報酬とともに職務執行の対価として整理され，同一の手続きにより支給されることになったことも役員賞与会計基準において指摘されている。

問4　従来，役員賞与は一般的に確定した支給ではなく，その支給は，利益をあげた功労に報いるために支給されるものであって，利益の有無にかかわらず職務執行の対価として支給される役員報酬とは性格が異なり業績連動型の性格を持っていると考えられていたこと，旧商法によって株主総会の利益処分案の決議事項として定められていたことから，利益剰余金の減少として会計処理されていた。

―――――――――――――< 解　説 >―――――――――――――

　会社法では，役員賞与と役員報酬とが同一の手続きにより支給されることとなったため，株主総会における支給手続きは会計処理の制約とはならない。

役員賞与会計基準　2　役員賞与に関する処理

次の取引について、それぞれの仕訳を示しなさい。
（なお、会計期間は1年、決算日は3月31日である。）

(1) X1年3月31日、役員賞与として支払うことが見込まれる800,000円を、役員賞与引当金として計上した。
(2) X2年6月26日、株主総会において、役員賞与800,000円の支払いが決議された。
(3) X2年6月29日、役員に賞与800,000円を現金で支払った。

ヒント

役員賞与については、発生した期間の費用として処理する。その支給は株主総会の決議が前提となるのでその見込額を、費用計上するとともに引当金に計上することになる。

解答例

(単位：千円)

(1) （借）役員賞与引当金繰入　800　　（借）役員賞与引当金　800
(2) 　　　（仕　訳　な　し）
(3) （借）役員賞与引当金　800　　（借）現　　　　金　800

解説

(1)について，役員賞与は発生した期間の費用として処理することから，支払見込額を役員賞与引当金として計上する。

(2)について，当該時点での仕訳は不要となる。ただし，条件付債務が確定債務に変わったものとし，以下のような仕訳を行うことも考えられる。

(2) （借）役員賞与引当金　800　　（借）未払役員賞与　800
　　この場合，(3)は次のようになる。
(3) （借）未払役員賞与　800　　（借）現　　　　金　800

なお，子会社が支給する役員賞与のように，株主総会の決議はなされていないが，実質的に確定債務と判断される場合には，次のように処理することも認められている（役員賞与会計基準13項）。

(1) （借）役員報酬等　800　　（借）未払役員報酬等　800

9
税効果会計基準

税効果会計基準 1 税効果会計の意義

次の文章を読んで，下記の設問に答えなさい。

税効果会計を適用しない場合には，　(a)　を基礎とした(ア)法人税等の額が　(b)　として計上され，法人税等を控除する前の企業会計上の利益と　(a)　とに差異があるときは，(イ)法人税等の額が法人税等を控除する前の当期純利益と期間的に対応せず，また，　(c)　の法人税等の　(d)　に対する影響が表示されないことになる（税効果会計に係る会計基準の設定に関する意見書　二・1）。

問1　本文中の　　　の中に適当な用語を入れなさい。
問2　下線部(ア)の範囲に含まれる税金にはどのようなものがあるか，列挙しなさい。
問3　下線部(イ)について，企業会計上このような対応が必要となる理由について説明しなさい。

ヒント

問2　法人税以外に，利益に関連する課税が含まれる。
問3　法人税等が法人税等を控除する前の当期純利益と期間対応すべきとするのは，法人税等が費用であるとみなしているためである。なぜ法人税等が費用とみなしうるかを説明する。

> 解答例

問1 (a)課税所得 (b)費用 (c)将来 (d)支払額

問2 法人税，都道府県民税，市町村民税，および利益に関連する金額を課税標準とする事業税。

問3 法人税等は企業が事業活動を行うに当たって必要となる公共サービスに対する負担分と考えられることから，現行の企業会計制度のもとでは法人税等を費用とみなしているため。

> 解 説

問2 法人税の範囲については，税効果会計基準注解・注1を参照。

問3 現行の会計制度のもとでは，法人税等は費用とみなされている。したがって当期に発生したその他の費用と同様に，対応原則に従って当期の帰属額が決定することになる。法人税等の金額は税務上の課税所得計算によるため，企業会計上，当期の費用とみなしうる税額と必ずしも一致しない。このため，発生主義会計においては，支出額と当期に帰属する費用の発生額が一致しないときの見越・繰延と同様の修正を，法人税等についても行う必要がある。その結果計上されるのが繰延税金負債と繰延税金資産である。

税効果会計基準　2　資産負債法と一時差異

次の文章を読んで、下記の設問に答えなさい。

税効果会計は、(ア)貸借対照表に記載されている資産及び負債の金額と課税所得計算上の資産及び負債の金額との差額のうち、将来の期間における課税所得計算に益金・損金として影響を与える (a) にかかる税金の額を適切な会計期間に配分する手続きである。将来の所得と相殺可能な (b) は (a) と同様に扱われ税効果会計の適用対象となるが、(イ)永久差異についてはその適用対象とならない。

税効果会計の方法として、(ウ) (c) 法および (d) 法があることが知られているが、税効果会計基準において採用されているのは (c) 法である。

問1　本文中の　　　の中に適当な用語を入れなさい。
問2　下線部(ア)はどのような場合に生じるのか。例を2つあげなさい。
問3　下線部(イ)について、具体例とともに簡潔に説明しなさい。
問4　下線部(ウ)について、それぞれの方法における税効果額の計算に当たってどの時点の税率が適用されるか答えなさい。

・・・・・ ヒント ・・・・・・・・・・・・・・・・・・・・・・・・・・・・・・・・

問2　期間損益計算における収益・費用と課税所得計算における益金・損金との差異を考える。
問3　税効果会計の方法として (c) 法が採用されていることに注意する。
問4　それぞれの方法が焦点を当てている時点の税率が適用されると考えればよい。

―― 解答例 ――

問1　(a)一時差異　(b)繰越欠損金等　(c)資産負債　(d)繰延

問2　①収益または費用の帰属年度が相違する場合，②資産の評価替えにより生じた差額が直接純資産の部に計上され，かつ課税所得の計算に含まれていない場合。

問3　会計上の資産・負債と税務上の資産・負債との差額のうち，将来にわたって永久に解消されない差額が永久差異である。たとえば，会計上は費用となるが，税務上は損金とならない罰金や科料等の未払い分があげられる。

問4　　(c)　法：一時差異等の解消年度の税率
　　　　(d)　法：一時差異等の発生年度の税率

―― 解説 ――

問2　税効果会計基準二・一・2を参照のこと。上記の例以外にも，連結関連で3つの例があげられている。

問3・問4　現行の会計制度においては，税効果会計の方法として資産負債法が採用されている。同法では，税効果会計の適用対象を，会計上の資産・負債と税務上の資産・負債の差額のうちの一時差異と繰越欠損金（あわせて一時差異等）としている。資産負債法において重要なのは，一時差異等が解消される将来の期間における法人税等の金額を増減させる程度である。これに対して繰延法では，法人税等のうち当期の税引前利益に対応しない金額を繰り延べるのであるから，当期の税引前利益に対応する法人税等の額に焦点があてられているといえる。この点を十分に理解しておけば，一時差異等の解消年度の税率，発生年度の税率のうち，どちらが適切であるかわかる。

税効果会計基準 3 将来減算一時差異

次の文章を読んで、下記の設問に答えなさい。

現行の会計制度のもとでは、(ア)将来減算一時差異と繰越欠損金等（あわせて [(a)] ）にかかる税金の額は(イ) [(b)] として計上しなければならないとされている。さらに、この [(b)] については、将来の [(c)] について(ウ)毎期見直しを行わなければならない。

問1　本文中の [　　] の中に適当な用語を入れなさい。
問2　下線部(ア)について、将来減算一時差異の例を2つあげなさい。
問3　下線部(イ)について、これを計上しなければならない理由を説明しなさい。
問4　下線部(ウ)について、毎期見直しが必要となる理由を説明しなさい。
問5　下線部(ウ)のような見直しは、繰延法においては必要となるか、結論（必要か否か）と理由を述べなさい。

ヒント

問2　将来に支払うべき法人税等を減額させる効果のある差異を考える。
問3　 [(b)] の資産性について説明する。税効果会計基準が資産負債法を採用していることを念頭に答案を作成する必要がある。
問4　いったん計上された [(b)] の回収可能性がなくなる場合を考えてみるとよい。
問5　繰延法ではこうした見直しは必要とならない。資産負債法と繰延法が何を問題としているのか、それぞれにおいて計上される繰延税金資産のどこが違うのかを明らかにすればよい。

解答例

問1 (a)将来減算一時差異等 (b)繰延税金資産 (c)回収見込み

問2 ①貸倒引当金や減価償却費の損金算入限度超過額，②損金に算入されない棚卸資産等の評価損。

問3 将来減算一時差異等は，将来解消される期間の課税所得を減額させることで当該期間の納税額を増加させる効果がある。このことから将来減算一時差異等は法人税等の前払額に相当すると解釈できるため，資産計上する。

問4 繰延税金資産の回収可能性は将来の課税所得に依存している。したがって，当該企業の収益力が十分でない等の理由で回収を予定していた期間の課税所得がマイナス（欠損）となってしまうと，繰延税金資産の回収はできなくなる可能性があるため，毎期見直しが必要となる。

問5 結論：必要ない。
理由：繰延法では当期に支払われた法人税等の金額のうち，当期の利益に対応しない超過支払額が繰延税金資産として計上される。したがって，将来の課税所得を問題とする資産負債法における繰延税金資産とは異なり，将来の課税所得の影響を受けない。

解説

問2 これ以外にも連結会社相互間の取引から生じる未実現利益の消去から生じる将来減算一時差異もある（税効果会計基準注解・注2）。なお，繰越欠損金等の「等」には，たとえば繰越外国税控除額が含まれる。

問3・問4 資産負債法で問題となるのは，将来の課税所得を減少させる効果である。したがって，将来の課税所得がマイナスであれば，繰延税金資産はこのマイナスを大きくするだけで納税額を減少させる効果は生じない。

問5 繰延法による繰延税金資産・繰延税金負債は発生時点における利益と課税所得の差異および税率等に基づいて計算されるので，将来における課税所得や税率変更等による影響を受けない。

税効果会計基準 4 将来加算一時差異

次の文章を読んで，下記の設問に答えなさい。

(ア)将来加算一時差異にかかわる税金の額は，(イ) (a) として計上しなければならない。ただし，(ウ) (b) の会計期間において (c) が見込まれない税金の額については繰延税金負債から除外される。

問1 本文中の□□□の中に適当な用語を入れなさい。

問2 下線部(ア)について，将来加算一時差異にはどのような場合に生じるか，説明しなさい。

問3 下線部(イ)について，将来加算一時差異が (a) として計上される理由を説明しなさい。

問4 下線部(ウ)について，これはどのような場合か，簡潔に説明しなさい。

問5 固定資産を取得するに当たり国庫補助金を受け入れた場合における将来加算一時差異の発生と解消の時点について説明しなさい。

ヒント

問2 将来の課税所得を増額させるような差異を考える。

問3 将来減算一時差異等と同様に，資産負債法を採用していることを念頭に答案を作成する。

問4 将来の課税所得がマイナスであれば繰延税金負債の支払可能性は見込まれない場合がある。

問5 国庫補助金受け入れによる固定資産取得が将来加算一時差異と関係するのは，積立金方式により圧縮記帳を実施した場合である。ここでは，将来加算一時差異の発生と解消についてのみ説明すればよい。

解答例

問1　(a)繰延税金負債　(b)将来　(c)支払

問2　①利益処分により租税特別措置法上の諸準備金等を計上した場合。②連結会社相互間の債権と債務の消去により貸倒引当金を減額した場合。

問3　将来加算一時差異は，これが将来解消される期間の課税所得を増額させることにより，当該期間の納税義務額を減少させる効果をもっている。このことから，将来加算一時差異は法人税等の未払額に相当すると解釈できるため，負債として計上される。

問4　事業休止等により会社が清算するまで明らかに将来加算一時差異を上回る損失が発生し，課税所得が発生しないことが合理的に見込まれる場合。

問5　積立金方式による圧縮記帳を行った場合，国庫補助金を受け入れて圧縮積立金を設定した時点で将来加算一時差異が発生し，これを取り崩した時点で解消される。

解説

問2　税効果会計基準注解・注3を参照。なお，①でいう租税特別措置法上の諸準備金とは，圧縮積立金，特別償却準備金などである（税効果会計実務指針20項）。

問3　税効果会計に係る会計基準の設定に関する意見書二・1を参照。

問4　課税所得が発生しないことが合理的に見込まれるのは極めてまれであり，上記の場合に限られる（税効果会計実務指針24項）。

問5　積立金方式の圧縮記帳を実施した場合，会計上の簿価は固定資産の取得原価であるが，税務上の簿価は固定資産の取得原価から圧縮積立金を控除した後の金額となり，会計上と税務上では簿価が異なる。その結果，会計上の減価償却費が税務上の損金算入限度額を超過する。この超過額に相当する額の圧縮積立金の取り崩しを行うが，これが税務上は益金となるため，将来加算一時差異となる（税効果会計実務指針10項）。

税効果会計基準 5　税率と税率変更

次の文章を読んで，下記の設問に答えなさい。

現行の会計制度において，税効果額は次の式により算定される。

　　税効果額＝ (a) の金額×法定実効税率

ここで用いられる (ア)法定実効税率は， (a) が (b) されると予測される期間のものが採用されることになる。ただし，決算日までに (イ)税率改正が将来行われることがすでに判明している場合を除いては， (c) の税率が継続すると仮定してこれを用いて計算することになる。仮に，税効果額を計算した後の期間において税率変更等があった場合には， (ウ) (d) および (e) の金額を修正する必要がある。

問1　本文中の　　　の中に適当な用語を入れなさい。

問2　下線部(ア)について，法定実効税率はどのように算定されるか式で表しなさい。

問3　下線部(イ)について，税効果会計に適用される税率に変更があった場合の処理について説明しなさい。

問4　下線部(ウ)について， (d) および (e) の金額を修正した場合の処理について説明しなさい。

ヒント

問2　実効税率は，事業税が損金算入されることを考慮する。

問3　資産負債法では，一時差異等は将来の納税額を増減させることを理由に繰延税金負債・繰延税金資産として計上されていることを考慮する。

問4　生じた差額の性質によって異なる2種類の処理がある。

解答例

問1 (a)一時差異等 (b)解消 (c)決算日現在 (d)繰延税金資産 (e)繰延税金負債

問2 $$\text{法定実効税率} = \frac{\text{法人税率}\times(1+\text{住民税率})+\text{事業税率}}{1+\text{事業税率}}$$

問3 法改正により,税効果会計に適用される税率に変更があった場合,過年度に計上された繰延税金資産および繰延税金負債の金額を修正する。

問4 原則として,修正によって生じた差額は法人税等調整額に加減する。ただし,純資産直入処理を行う評価差額の修正については,評価差額に加減する。

解説

問2 税効果額の算定に当たっては,繰延税金資産・繰延税金負債の回収・支払が予測される年度の法定実効税率が必要となる。計算に用いている事業税については,利益に関連する金額を課税標準とする部分(所得割)についてのみであり,付加価値割と資本割による部分は含まない(税効果会計実務指針17項)。

問3 税率変更は,将来,回収可能・支払可能であると見積られている繰延税金資産・繰延税金負債の金額を変化させることになる。このため,過年度に計上された繰延税金資産・繰延税金負債について,決算日現在における改正後の税率を用いて,期首における繰延税金負債・繰延税金資産の金額を修正する(税効果会計基準注解・注6および税効果会計実務指針19項)。

問4 税率変更に伴う繰延税金資産・繰延税金負債の見直しの結果生じた修正差額については,税率変更に係る改正税法が交付された日を含む年度の法人税等調整額に加減して処理する(税効果会計基準注解・注7および税効果会計実務指針19項)。

税効果会計基準 6 繰延税金資産・繰延税金負債の表示

次の文章を読んで，下記の設問に答えなさい。

(ア)繰延税金資産及び繰延税金負債は，これらに関連した資産・負債の (a) に基づいて，(イ)繰延税金資産については流動資産又は (b) として，繰延税金負債については流動負債又は固定負債として表示しなければならない。ただし，特定の資産・負債に関連しない (c) に係る (d) については，翌期に解消される見込みの一時差異等に係るものは (e) として，それ以外の一時差異等に係るものは (f) として表示しなければならない（税効果会計基準三・1）。

- 問1 本文中の□□□の中に適当な用語を入れなさい。
- 問2 下線部(ア)について，繰延税金資産および繰延税金負債について，相殺表示が認められるのはどのような場合か，また，認められないのはどのような場合か，説明しなさい。
- 問3 下線部(イ)について，繰延税金資産および繰延税金負債の表示区分について説明しなさい。
- 問4 繰延税金資産・繰延税金負債の計上により生じる法人税等調整額の表示について，簡潔に説明しなさい。

ヒント

- 問2 表示区分と納税主体によって相殺の可否が異なる。
- 問3 2つの分類基準が適用される。
- 問4 法人税等調整額は損益計算書に計上される。損益計算書のどこにどのようなかたちで計上されるか解答する。

―― 解答例 ――

問1 (a)分類 (b)投資その他の資産 (c)繰越欠損金等 (d)繰延税金資産 (e)流動資産 (f)投資その他の資産

問2 繰延税金資産と繰延税金負債が，①ともに流動区分に属する場合，②投資その他の資産と固定負債の区分に属する場合については，それぞれ相殺表示する。ただし，納税主体が異なる繰延税金資産と繰延税金負債については，原則として相殺してはならない（税効果会計基準三・2）。

問3 原則として貸借対照表に計上した資産または負債との関連性に基づいて流動・固定に区分する。ただし，特定の資産・負債に関連しない繰延税金資産・繰延税金負債については，税効果が実現する時期が1年以内か否かにより流動・固定に区分する（税効果会計基準三・1）。

問4 法人税等と法人税等調整額をそれぞれ区別して表示し，法人税等を控除する前の当期純利益から控除するかたちで損益計算書に表示する（税効果会計基準三・3）。

―― 解 説 ――

問2 繰延税金資産と繰延税金負債について相殺可能なのは，ともに同一納税主体のものであり，かつ表示上の区分に対応関係（流動資産と流動負債，投資その他の資産と固定負債）がある場合のみである。

問3 貸借対照表上で，資産・負債との関連性によって区分し，これで区分できないものは，ワンイヤールールを適用し区分する。資産・負債との関連性とは，たとえば流動資産に対する貸倒引当金の損金算入限度額超過額についての繰延税金資産は流動資産として表示する，ということである。なお，繰越欠損金と繰越外国税額控除にかかる繰延税金資産はワンイヤールールにより流動・固定に区分する（税効果会計実務指針45項）。

問4 法人税等調整額は，法人税等と区別して表示しなければならない。

税効果会計基準 7 税効果にかかわる注記

次の文章を読んで，下記の設問に答えなさい。

税効果会計基準第四では，注記すべき事項として次の4点をあげている。すなわち，①繰延税金資産及び繰延税金負債の(ア)__(a)__の主な内訳，②税引前（税金等調整前）当期純利益に対する(イ)法人税等（__(b)__を含む。）の比率と法定実効税率との間に__(c)__がある場合，③(ウ)税率の変更により繰延税金資産及び繰延税金負債の金額を修正した場合，および④(エ)決算日後に__(d)__の変更があった場合，である。

問1　本文中の　　の中に適当な用語を入れなさい。
問2　下線部(ア)について，これと共に注記すべき事項について説明しなさい。
問3　下線部(イ)について，税効果会計基準において注記すべきとされる内容を簡潔に説明しなさい。
問4　下線部(ウ)について，税効果会計基準において注記すべきとされる内容を簡潔に説明しなさい。
問5　下線部(エ)について，税効果会計基準において注記すべきとされる内容を簡潔に説明しなさい。

ヒント

一般に注記が求められるのは，(a)財務諸表本体では開示対象になっていない重要な情報，(b)財務諸表本体で開示した数値の内訳，(c)本体開示されている数値の計算上の仮定等およびその変更など，である。問2は(a)，問3は(b)，問4・問5は(c)に関する注記である。

／解答例＼

問1　(a)発生原因別　(b)法人税等調整額　(c)重要な差異　(d)税率

問2　将来減算一時差異が解消されるときに課税所得を減少させ，税金負担額を軽減することが認められる範囲を超える金額について併せて記載する。

問3　差異の原因について，主要な項目別に内訳を注記する。

問4　税率変更に伴い繰延税金資産および繰延税金負債の金額を修正した事実と，修正額を注記する。

問5　税率変更の内容と，税率変更による影響について注記する。

／解　説＼

　税効果会計基準において求められている注記は，次の4点である。すなわち，①繰延税金資産と繰延税金負債の発生別の主な内訳，②利益に対する法人税等と法人税等調整額の比率と，法定実効税率に差がある場合における差異の主たる原因，③税率変更に伴う繰延税金資産と繰延税金負債の修正額，および④後発事象として税率変更があった場合の影響，である（税効果会計基準四）。

　これらのうち，①は繰延税金資産や繰延税金負債が計上されている場合に常に注記が必要となる。①ではさらに，回収可能性が認められなかった繰延税金資産の金額についても注記しなければならない（税効果会計基準注解・注5および注8）。

　一方，②〜④については限られた場合にのみ注記が必要となるものである。②は重要な差異がある場合にのみ，主要な項目別の内訳の注記が必要となる。また，③および④については，法定実効税率の計算に影響を与える税率，具体的には，法人税，住民税（都道府県民税，市町村民税），および事業税の所得割部分に税率変更があった場合のみ注記が必要となる。なお，繰延税金の金額は資産負債法によって計算されているので，税率変更は将来の一時差異等の解消時点における税率変更である。

税効果会計基準 8 計算問題

　下記の資料をもとに，貸借対照表および損益計算書で示される下記の金額を計算しなさい（会計期間は1年間）。なお，投資その他の繰延税金資産と固定負債の繰延税金負債は相殺して表示すること。

　貸借対照表：繰延税金資産および繰延税金負債（それぞれ表示区分を明記）
　損益計算書：法人税等調整額

〈資料1〉　決算整理前残高試算表（抜粋）
　　　　　繰延税金資産（流動資産）　1,200千円

〈資料2〉　決算整理の未了事項および参考事項
1．期末商品棚卸高34,000千円のうち，3,000千円については収益性の低下が認められたため1,500千円の評価減を行ったが，税務上は損金算入が認められなかった。
2．当期首に取得した車両運搬具（取得原価4,500千円，残存価額0千円）について，税務上の耐用年数が5年のところ，会計上は耐用年数3年で定額法による減価償却を実施している。
3．前期首に国庫補助金600,000千円を受け入れて建物900,000千円を取得している。当該建物については積立金方式による圧縮記帳を行っている。なお，耐用年数30年，残存価額0千円として定額法による減価償却を実施している。
4．当期の交際費のうち，損金不算入額は3,200千円である。
5．決算日現在における法定実効税率は40％であり，今後税率改正が行われる旨の公表はない。

解答例

繰延税金資産（流動資産）1,800千円

繰延税金負債（固定負債）223,760千円　　法人税等調整額　8,840千円

解　説

1．棚卸資産の評価損にかかる繰延税金資産：

　　（借）繰 延 税 金 資 産　　　600　　　（貸）法人税等調整額　　　600

　会計上と税務上の棚卸資産評価額の差額は1,500千円であるので，税効果額は600千円（＝1,500千円×40％）となる。

2．車両運搬具の減価償却超過額にかかる繰延税金資産：

　　（借）繰 延 税 金 資 産　　　240　　　（貸）法人税等調整額　　　240

　当期末の会計上の未償却残高3,000千円（＝4,500－4,500÷3年）に対して，税務上の未償却残高3,600千円（＝4,500－4,500÷5年）であるので，240千円（＝（3,600－3,000）×40％）が税効果額（繰延税金資産）となる。

3．建物の圧縮記帳にかかる繰延税金負債：

　　（借）繰 延 税 金 負 債　　8,000　　　（貸）法人税等調整額　　8,000

　建物取得にかかわる国庫補助金の受入額600,000千円が税効果の対象となる。取得時の税効果額（繰延税金負債）は，240,000千円（＝600,000千円×40％）である。当期首の繰延税金負債は232,000千円（＝240,000千円－240,000千円÷30年）であり，当期末の繰延税金負債は，224,000千円（＝240,000千円－240,000千円÷30年×2年分）であるから，当期における繰延税金負債の減少額は8,000千円となる。

4．交際費の損金不算入額は永久差異なので税効果会計の適用対象とはならない。

　以上より，繰延税金資産（流動資産）は1,800千円（＝1,200＋600）となる。同一納税主体の繰延税金資産（投資その他の資産）と繰延税金負債（固定負債）は相殺するので，繰延税金負債（固定負債）は223,760千円（＝224,000－240）となる。また，法人税等調整額は8,840千円（＝600＋240＋8,000）となる。

⑩ 純資産会計基準

純資産会計基準 1 純資産の部の区分

次の文章を読んで，下記の設問に答えなさい。

貸借対照表は，資産の部，負債の部及び(ア)純資産の部に区分し，純資産の部は， (a) と(イ) (a) 以外の各項目に区分する。

  (a) は， (b) ， (c) 及び (d) に区分する。

問1　本文中の□□□の中に適当な用語を入れなさい。
問2　下線部(ア)にいう純資産とは何か説明しなさい。
問3　純資産会計基準における負債の部と純資産の部の関係について述べなさい。
問4　下線部(イ)の (a) 以外の各項目を個別貸借対照表と連結貸借対照表に分けて示しなさい。

ヒント

問3　貸借対照表の貸方の区分方法としては，負債を先に決定し，その他を資本とする方法及びその逆の方法，または負債と資本を決定し，中間項目を設ける方法が考えられる。

問4　連結貸借対照表と個別貸借対照表では項目が異なるだけでなく，区分の名称も異なる。

=== 解答例 ===

問1　(a)株主資本　(b)資本金　(c)資本剰余金　(d)利益剰余金

問2　資産と負債の差額

問3　本基準における負債と純資産は，負債の部には返済義務のあるものという負債の定義を満たすもののみを記載し，それ以外を純資産の部に記載するという関係にある。それゆえ，純資産の部には，報告主体の所有者に帰属する株主資本と，負債でも株主資本でもない項目が記載されることになる。

問4　個別　評価・換算差額等，新株予約権
　　　連結　その他包括利益累計額，新株予約権，少数株主持分

=== 解　説 ===

　貸借対照表の貸方の区分方法としては，資本を先に確定させて，資本に属さないものをすべて負債に含める方法，負債を先に確定させて負債に属さないものをすべて資本に含める方法，負債と資本を確定し，どちらにも該当しない項目を表示する第三の区分や中間区分を設ける方法が考えられる。この中でも，第三区分等を設ける方法は，その区分の性格の不明確さや損益計算との関係なども問題となり，さらには国際的な動向も考慮に入れて，採用されていない。

　また，貸借対照表における支払能力などの財政状態を適切に表示させることが可能になると考えられることから，負債の定義を満たすものを負債の部に計上し，残りをすべて純資産に含めるとした上で，純資産の中で，株主に帰属する従来の資本という意味での株主資本の区分を設けるとともに，それ以外の項目（その他純資産）に分けることにしている。（純資産会計基準20項－21項参照）

問4　平成23年3月31日以後終了する連結会計年度から企業会計基準第25号「包括利益の表示に関する会計基準」が適用され，連結貸借対照表上は，評価・換算差額等の区分は「その他包括利益累計額」となる（第16項）。個別貸借対照表での適用については，本書執筆時点では決定されていない。

純資産会計基準 2 株主資本の表示

次の文章を読んで，下記の設問に答えなさい。

貸借対照表の純資産の部において，株主資本は，資本金，資本剰余金及び利益剰余金に区分する。ただし，(ア)個別貸借対照表上，資本剰余金はさらに， (a) 及び (a) 以外の資本剰余金（以下「その他資本剰余金」という。）に区分し，利益剰余金は， (b) 及び (b) 以外の利益剰余金（以下「その他利益剰余金」という。）に区分する。ただし，その他利益剰余金のうち， (c) のように，株主総会又は取締役会の決議に基づき設定される項目については，その内容を示す科目をもって表示し，それ以外については (d) にて表示する。

問1　本文中の　　　の中に適当な用語を入れなさい。
問2　新株式申込証拠金はどのように表示されるか。その理由とともに示しなさい。
問3　資本剰余金については，従来，その他資本剰余金をその内容を示す科目に区分して表示されていたが，下線部(ア)のように二区分とした理由を説明しなさい。

ヒント

問2　新株式申込証拠金の法律上の効力に基づくこと。
問3　株主資本等変動計算書との関係に言及すること。

解答例

問1　(a)資本準備金　(b)利益準備金　(c)任意積立金　(d)繰越利益剰余金

問2　会社法上，募集株式の引受人は，申込期日が定められている場合，その日をもって株主となる。したがって，新株式申込証拠金は，申込期日前には負債（預り金）となるが，申込期日後は株主資本の一項目として表示されることとなる。

問3　資本準備金は，あくまでも会社法上の規定によって積み立てることが要請されるものであるため，個別貸借対照表上は区分する必要がある。しかし，その他資本剰余金は株主資本等変動計算書によって当期の変動事由と変動額が把握できるため，継続的にその残高を内容に応じて区別しておく必然性は乏しいと考えられるためである。

解説

問2　純資産会計基準実務指針11項参照。

　　また，株式の引受人が株主となる時期についての定めについては会社法209条参照。

問3　純資産会計基準34項参照。

　　同様に，利益剰余金も利益準備金とその他利益剰余金の二区分を基本とする。しかし，会社法の規制のある個別貸借対照表上は，その他利益剰余金を任意積立金のように，株主総会又は取締役会の決議に基づいて設定されるものについてはその内容を示す科目を持って表示し，それ以外は「繰越利益剰余金」として表示する（35項参照）。

純資産会計基準 3　評価・換算差額等／その他包括利益累計額の意義

次の文章を読んで，下記の設問に答えなさい。

株主資本以外の各項目は，個別貸借対照表上は，評価・換算差額等および新株予約権に区分され，連結貸借対照表上は，その他包括利益累計額，新株予約権および少数株主持分に区分する。

評価・換算差額等ないしその他包括利益累計額には，(ア)資産又は負債は時価をもって貸借対照表価額としているが，当該資産又は負債に係る評価差額を当期の損益としていない場合の当該評価差額や，　(a)　等が含まれる。

なお，当該評価・換算差額等ないしその他包括利益累計額については，これらに係る　(b)　又は　(c)　の額を控除した金額を記載することとなる。

問1　本文中の　　　の中に適当な用語を入れなさい。
問2　下線部(ア)に該当するものを2つあげなさい。
問3　純資産会計基準において，評価・換算差額等ないしその他包括利益累計額が株主資本とは区別されている理由を説明しなさい。

ヒント

問3　クリーン・サープラス（資本取引を除く資本の変動と利益が一致するという）関係に着目すること。

___ 解答例 ___

問1 (a)為替換算調整勘定　(b)繰延税金資産　(c)繰延税金負債
　　((b)と(c)は順不同)
問2 その他有価証券評価差額金　繰延ヘッジ損益
問3 当期純利益が資本取引を除く株主資本の変動をもたらすという関係を重視し，評価・換算差額等ないしその他包括利益累計額は，資本取引による払込資本ではないだけではなく，かつ未だ当期純利益に含められていないために，株主資本とは区別することとした。

___ 解　説 ___

問2　純資産会計基準8項参照。ただし，これは例示列挙であって，今後の会計基準の新設・改廃によってはこれに該当する項目が生じる可能性もある。また，時限立法である土地の再評価に関する法律に基づいた土地再評価差額金もこの区分に表示する。

問3　一般に，クリーン・サープラス関係，すなわち，資本取引を除く資本の変動と利益が一致するという関係が会計基準の信頼性を高め，企業評価に役立つと考えられている。純資産会計基準では，なかでも当期純利益が資本取引を除く株主資本の変動をもたらすという関係を重視し，資本取引による払込資本でもなく，また当期純利益にも含められていない評価・換算差額等ないしその他包括利益累計額は，株主資本と区別することとしている（純資産会計基準33項参照）。

　なお，当該項目が当期純利益に含められるか否かは，リスクからの解放という概念により，投資の不可逆的な成果が得られたか否かによる（〈概念フレームワーク21　収益の認識：リスクからの解放〉を参照）。

純資産会計基準 4 新株予約権

次の文章を読んで、下記の設問に答えなさい。

株主資本以外の項目として純資産の部に表示される新株予約権は、従来 (a) に、少数株主持分は、 (a) と資本の部の中間項目として表示されていた。

純資産会計基準は、あくまでも貸借対照表の純資産の部の表示を定めることを目的としており、会計処理についてはこれまでと同様である。したがって、新株予約権の発行者側の会計処理は、権利行使された場合には (b) 又は (b) および (c) に振り替え、権利が失効した場合には (d) として処理する。

問1　本文中の□□□の中に適当な用語を入れなさい。
問2　新株予約権が純資産の部において株主資本以外の項目として表示される理由を説明しなさい。
問3　少数株主持分が純資産の部において株主資本以外の項目として表示される理由を説明しなさい。

ヒント

問2　新株予約権の性格と、負債の定義や株主資本の定義との関係を述べること。
問3　少数株主持分の性格と、負債の定義と株主資本の定義との関係を述べること。

===== 解答例 =====

問1　(a)負債の部　(b)資本金　(c)資本準備金　(d)利益

問2　新株予約権は，将来，権利行使され払込資本となる可能性がある一方，失効して払込資本とはならない可能性もある。しかし，新株予約権は，返済義務のある負債ではないことから，負債の部に表示することは適当ではなく，純資産の部に記載することとした。

問3　少数株主持分は，子会社の資本のうち親会社に帰属していない部分であり，返済義務のある負債でもなく，また，連結財務諸表における親会社株主に帰属するものでもない。しかし，純資産会計基準では，独立した中間区分を設けないため，純資産の部に記載することとした。

===== 解　説 =====

問2　新株予約権は，報告主体の所有者である株主とは異なる新株予約権者との直接的な取引によるものであり，将来，権利行使され払込資本となる可能性がある一方，失効して払込資本とはならない可能性もある。それゆえ，権利行使の有無が確定するまで，その性格が確定しないことから，これまでは仮勘定として負債の部に計上されていた。しかし，新株予約権は，返済義務のある負債ではないため，純資産会計基準の区分の考え方からは，負債の部に表示することは適当ではない。それゆえ，純資産の部に株主資本と区別して記載されることとなった（純資産会計基準22項参照）。

問3　少数株主持分は，子会社の資本のうち親会社に帰属していない部分であり，親会社株主に帰属するものではない。また，返済義務のある負債でもないために負債の部に表示することは適切ではなく，親会社株主に帰属するものでもないために資本の部に表示することは適切ではないことから，これまで，負債の部と資本の部の中間に独立した項目として表示されていた。しかし，純資産会計基準では，独立した中間区分を設けないこととしたため，純資産の部に記載することとした（純資産会計基準22項参照）。

⑪ 株主資本等変動計算書会計基準

株主資本等変動計算書会計基準　1　株主資本等変動計算書の意義

次の文章を読んで，下記の設問に答えなさい。

株主資本等変動計算書とは，貸借対照表の純資産の部の一会計期間における変動額のうち，主として，株主に帰属する部分である株主資本の各項目の変動事由を報告するために作成するものである。

この(ア)株主資本の各項目は，当期首残高，当期変動額および当期末残高に区分し，当期変動額は変動事由ごとにその金額を表示する。連結損益計算書の当期純利益又は当期純損失は，　(a)　の変動事由として表示し，個別損益計算書の当期純利益又は当期純損失は，　(b)　又はその内訳科目である　(c)　の変動事由として表示する。

また，株主資本以外の各項目は，当期首残高，当期変動額及び当期末残高に区分し，当期変動額は　(d)　で表示する。

問1　本文中の　　　の中に適当な用語を入れなさい。
問2　下線部(ア)に求められる株主資本の各項目の当期変動額の変動事由を3つあげなさい。ただし，当期純利益又は当期純損失は除く。
問3　連結株主資本等変動計算書の注記項目をあげなさい。
問4　個別株主資本等変動計算書の注記項目をあげなさい。

―――――――――――― 解答例 ――――――――――――

問1　(a)利益剰余金　(b)その他利益剰余金　(c)繰越利益剰余金　(d)純額
問2　新株の発行，剰余金の配当，自己株式の取得
問3　①　発行済株式の種類及び総数に関する事項
　　　②　自己株式の種類及び株式数に関する事項
　　　③　新株予約権及び自己新株予約権に関する事項
　　　④　配当に関する事項
問4　自己株式の種類及び株式数に関する事項

―――――――――――― 解　説 ――――――――――――

問2　株主資本等変動計算書会計基準適用指針では，以下の例が示されている（6項）。
　　(1)当期純利益又は当期純損失，(2)新株の発行又は自己株式の処分，(3)剰余金の配当，(4)自己株式の取得，(5)自己株式の消却，(6)企業結合による増加又は分割型の会社分割による減少，(7)株主資本の計数の変動（資本金から準備金又は剰余金への振替，準備金から資本金又は剰余金への振替，剰余金から資本金又は準備金への振替，剰余金の内訳科目間の振替），(8)連結範囲の変動又は持分法の適用範囲の変動。

問3・問4　株主資本等変動計算書会計基準9項。
　　なお，個別株主資本等変動計算書には，連結株主資本等変動計算書で求められている①，③及び④に準ずる事項を注記することを妨げないとされている。

株主資本等変動計算書会計基準　2　計算問題

以下の資料に基づき，X2年3月期の株主資本等変動計算書（横に並べる様式）を作成しなさい（注記は不要）。

〈資料1〉

個別貸借対照表の純資産の部

（単位：百万円）

		X1年3月末	X2年3月末
Ⅰ	株主資本		
	資本金	3,000,000	3,100,500
	資本準備金	200,000	300,500
	利益準備金	20,000	22,000
	任意積立金	5,000	10,000
	繰越利益剰余金	80,000	113,000
Ⅱ	評価・換算差額等		
	その他有価証券評価差額金	18,000	12,000
Ⅲ	新株予約権	3,000	2,500

〈資料2〉　当期の純資産の変動に関する事項

1　当期純利益　60,000百万円

2　当期中に行われた剰余金の配当等

株主配当金　20,000百万円　　利益準備金　2,000百万円

任意積立金　5,000百万円

3　新株発行

期中に，新株予約権の行使が行われ，普通株式1,000,000株を1株あたり200,000円で発行し，資本金には会社法に定める最低額を組み入れている（5の新株予約権も参照のこと）。

4　その他有価証券

前期中に270,000百万円で取得し，前期末の時価は300,000百万円，当期末の時価は290,000百万円である。
5　新株予約権
 (1)　期中に500百万円で新規に有償発行している。
 (2)　上記３の新株発行の際に行使された新株予約権の発行価額は1,000百万円である。
6　税効果会計の適用にあたっては，法定実効税率40％を用いる。

解答

株主資本等変動計算書
自X1年4月1日 至X2年3月31日

	株主資本								評価・換算差額等			純資産合計
	資本金	資本剰余金		利益剰余金				株主資本合計	その他有価証券評価差額金	評価・換算差額等合計	新株予約権	
		資本準備金	資本剰余金合計	利益準備金	その他利益剰余金		利益剰余金合計					
					任意積立金	繰越利益剰余金						
当期首残高	3,000,000	200,000	200,000	20,000	5,000	80,000	105,000	3,305,000	18,000	18,000	3,000	3,326,000
当期変動額												
新株の発行	100,500	100,500	100,500					201,000				201,000
剰余金の配当				2,000	5,000	−27,000	−20,000	−20,000				−20,000
当期純利益						60,000	60,000	60,000				60,000
株主資本以外の項目の当期変動額(純額)									−6,000	−6,000	−500	−6,500
当期変動額合計	100,500	100,500	100,500	2,000	5,000	33,000	40,000	241,000	−6,000	−6,000	−500	234,500
当期末残高	3,100,500	300,500	300,500	22,000	10,000	113,000	145,000	3,546,000	12,000	12,000	2,500	3,560,500

解 説

株主資本等変動計算書の作成に関連する仕訳は以下の通り。(単位:百万円)

1 当期純利益

| (借) 損　　　　　益 | 60,000 | (貸) 繰越利益剰余金 | 60,000 |

2 剰余金の配当等

(借) 繰越利益剰余金	27,000	(貸) 株 主 配 当 金	20,000
		利 益 準 備 金	2,000
		任 意 積 立 金	5,000

2 新株の発行

| (借) 現 金 預 金 | 200,000 | (貸) 資　本　　　金 | 100,500 |
| 新 株 予 約 権 | 1,000 | 資 本 準 備 金 | 100,500 |

3 その他有価証券

| (借) その他有価証券評価差額金 | 6,000 | (貸) その他有価証券 | 10,000 |
| 繰 延 税 金 負 債 | 4,000 | | |

12 1株当たり当期純利益会計基準

1株当たり当期純利益会計基準

1 開示目的と算定方法

次の文章を読んで，下記の設問に答えなさい。

1株当たり当期純利益会計基準では，(ア)1株当たり当期純利益および(イ)潜在株式調整後1株当たり当期純利益の開示について規定している。このうち前者は「 (a) に係る当期純利益÷ (a) の (b) 」で算定される。

このとき， (a) に係る当期純利益については，損益計算書上の当期純利益から(ウ)普通株主に帰属しない金額を差し引いて計算する。 (a) の (b) については， (a) の (c) から (a) の (d) を差し引いて計算する。

問1　本文中の□□□の中に適当な用語を入れなさい。
問2　下線部(ア)について，この算定目的について簡潔に説明しなさい。
問3　下線部(イ)について，潜在株式とは何か例をあげて説明しなさい。
問4　下線部(ウ)の例として優先配当額があげられるが，①累積型配当優先株および②非累積型配当優先株の場合の金額の計算方法を説明しなさい。
問5　問4①について，そのような計算が行われる理由を説明しなさい。

ヒント

問2　「1株当たり当期純利益」は普通株主に関する情報に限定されている。
問3　将来，一定の条件のもとで普通株式となる証券を考える。
問4・問5　配当優先株には，規定の配当額に達しない場合にその不足額を次期以降の利益から支払うタイプ（①累積型）と，支払わないタイプ（②非累積型）がある。

=== 解答例 ===

問1　(a)普通株式　(b)期中平均株式数　(c)期中平均発行済株式数
　　　(d)期中平均自己株式数

問2　普通株主に関する一会計期間における企業の成果を示し，投資家の的確な投資判断に資する情報を提供すること。

問3　潜在株式とは，転換証券やワラントのように，その保有者が普通株式を取得することができる権利もしくは普通株式への転換の請求権またはこれらに準ずる権利が付された証券または契約をいう。

問4　①1株当たり当期純利益の算定対象となる会計期間についての要支払額。②1株当たり当期純利益の算定対象となる会計期間に基準日が到来する剰余金の配当を基礎として算定した額。

問5　累積型配当優先株の場合，優先配当額に達しないときの過年度の不足額は，過年度の1株当たり当期純利益の計算においてすでに反映されている。したがって当期の1株当たり純利益の計算においては考慮しない。

=== 解説 ===

問2　市場で流通する株式の多くが普通株式であることから，普通株式についての1株当たり当期純利益の情報が開示されている。1株当たり利益情報の開示により，経営成績の時系列比較や企業間比較等を向上させることが期待されている（1株当たり当期純利益会計基準37項）。

問4・問5　①の累積型の場合，実際の配当支払額ではなく要支払額を当期純利益から控除しておく。このため当期の配当不足額を次期以降に支払ったさいには，普通株主に帰属しない金額として再度減算してはならない（1株当たり当期純利益会計基準16項および46項）。②の非累積型の場合，当期の配当不足額が次期以降の利益から支払われないので，当期の優先配当額がそのまま普通株主に帰属しない金額として当期純利益から減算される。

1株当たり当期純利益会計基準　2　普通株式に係る当期純利益と期中平均株式数

次の文章を読んで，下記の設問に答えなさい。

1株当たり当期純利益は，(ア)普通株主に帰属する当期純利益を，(イ)普通株式の期中平均発行済株式数で除して算定する。このとき，普通株式の期中平均株式数には，(ウ)普通株式と (a) の株式が含まれる。ここでいう普通株式と (a) の株式とは，普通株式より (b) が (c) ではなく，かつ，普通株式の (b) とは異なる内容の (b) に基づく金額を，あらかじめ定められた方法により算定できない株式のことをいう。

問1　本文中の □ の中に適当な用語を入れなさい。
問2　下線部(ア)について，損益計算書上の当期純利益のうち普通株主に帰属しない金額にはどのようなものがあるか，優先配当額以外に例を2つあげなさい。
問3　下線部(イ)について，算定方法2つを簡潔に説明しなさい。
問4　下線部(ウ)について，この取り扱いを簡潔に説明しなさい。
問5　下線部(ウ)にはどのようなものがあるか，2つあげなさい。

ヒント

問2　いわゆる参加可能額もひとつとしてあげられる。
問3　いずれの計算方法においても，自己株式数を控除しなければならないことに注意。
問4　 (a) であるので，一定の条件を満たしている限り取り扱いも同等になる。その条件を考える。
問5　たとえば，配当が優先的でないような種類株式を考える。

―― 解答例 ――

問1　(a)同等　(b)配当請求権　(c)優先的

問2　①配当優先株式に係る消却（償還）差額。②普通株主以外の株主が損益計算書上の当期純利益から当期の配当後の配当に参加できる額。

問3　①期首における普通株式の発行済株式数に，期中に発行した株式の発行時から期末までの期間に応じた普通株式の発行済株式数を加算し，期中平均自己株式数を控除して計算する方法。

　　②会計期間における普通株式の発行済株式数から自己株式数を控除した株式数の累計を平均して算定する方法。

問4　普通株式と同等の株式で，かつ普通株式から区別して取り扱うのが困難である株式については，普通株式と同様に，1株当たり当期純利益の計算で用いる株式数に含める。

問5　以下のうちから，いずれか2つ。①配当請求権に基づく金額があらかじめ定められた方法により算定可能な非参加型の子会社連動株式（いわゆるトラッキング・ストック），②非転換型の配当劣後株（後配株），③配当請求権が優先的でなく，残余財産分配請求権が優先的な株式，④配当請求権が優先的でなく，残余財産分配請求権が劣後的な株式，⑤議決権が制限されており，配当請求権が優先的ではない株式（議決権制限株式）。

―― 解　説 ――

問2　1株当たり当期純利益会計基準適用指針11項を参照。

問3　いずれの計算方法によっても結果は同じになる（1株当たり当期純利益会計基準50項）。

問4・問5　トラッキング・ストック，後配株，議決権制限株式の名称は覚えておいてもよいだろう。なお，問4については1株当たり当期純利益会計基準13項および44項を，問5については，1株当たり当期純利益会計基準適用指針6項および8項を参照のこと。

1株当たり当期純利益会計基準　3　希薄化効果と潜在株式調整後1株当たり当期純利益

次の文章を読んで，下記の設問に答えなさい。

(ア)潜在株式が(イ)希薄化効果を有する場合，(ウ)潜在株式調整後1株当たり当期純利益は，普通株式に係る当期純利益に希薄化効果を有する各々の潜在株式に係る　(a)　を加えた合計金額を，普通株式の期中平均株式数に希薄化効果を有する各々の潜在株式に係る　(b)　を　(c)　したことによる普通株式の　(d)　数を加えた合計株式数で除して算定する（1株当たり当期純利益会計基準21項）。

問1　本文中の□の中に適当な用語を入れなさい。
問2　下線部(ア)について，その具体例を2つあげなさい。
問3　下線部(イ)について，その意味を簡潔に説明しなさい。
問4　下線部(ウ)について，これを算定する目的について説明しなさい。

ヒント

問2　一定の条件の下で，将来，株式数の増加をもたらすような証券を考える。
問3　株式数増加によって1株当たり当期純利益が減少することを説明する。
問4　については，普通株式の価値算定の指標および警告指標という2つの目的が考えられるが，どちらを主目的と考えているかに言及すること。

解答例

問1　(a)当期純利益調整額　(b)権利の行使　(c)仮定　(d)増加

問2　①ワラント　②転換証券

問3　希薄化効果とは，潜在株式の権利行使を仮定して算定した「潜在株式調整後1株当たり当期純利益」と，「1株当たり当期純利益」とを比較した場合に，前者が後者を下回ることをいう。

問4　「潜在株式調整後1株当たり当期純利益」を算定する目的は，原則として，時系列比較等を通じ将来の普通株式の価値の算定に役立つ情報を開示することにあり，必ずしも「1株当たり当期純利益」についての将来の潜在的な変動性を示す警告指標としてではない。

解説

問2　1株当たり当期純利益会計基準21項を参照のこと。1株当たり当期純利益会計基準適用指針17項以降では，上述の2つに加えて，条件付発行可能普通株式，および条件付発行可能潜在株式についての算定方法が解説されている。

問3　1株当たり当期純利益会計基準20項を参照のこと。希薄化は現在の株主にとっての「1株当たり当期純利益」が減少する可能性を示している。損失を計上している場合については，「潜在株式調整後1株当たり当期純損失」が「1株当たり当期純損失」を上回っている場合でも希薄化効果はない（1株当たり当期純利益会計基準52項）。

問4　将来の普通株式の価値算定のための情報とみる立場と，「1株当たり当期純利益」の警告指標としてみる立場がある。基準は，原則として前者の立場をとっているが，後者の立場にも配慮し「潜在株式調整後1株当たり当期純利益」の算定に含まれなかった潜在株式の概要についても注記するよう求めている（1株当たり当期純利益会計基準38項）。

1株当たり当期純利益会計基準　4　ワラント債の扱い

次の文章を読んで，下記の設問に答えなさい。

(ア)希薄化効果を有するワラントや転換証券が存在する場合，潜在株式調整後１株当たり当期純利益の算定にあたっては，普通株式の期中平均株式数に　(a)　を加えなければならない。

ワラントの　(a)　は，①希薄化効果を有するワラントが　(b)　または　(c)　にすべて行使されたと仮定した場合の普通株式数から，②　(d)　にて普通株式を買い受けたと仮定した普通株式数を，差し引いて算定する（①－②）。

問１　本文中の　　　の中に適当な用語を入れなさい。
問２　下線部(ア)について，希薄化効果を有するとはどういう場合か，説明しなさい。
問３　(1)問題文第２段落におけるワラントの希薄化効果を反映させる方式をなんとよぶか。
　　　(2)これ以外の２つの方式について簡潔に説明しなさい。

ヒント

問２　ワラントなので，権利行使条件を考慮する。
問３　２つの方式は無調整方式と利益調整方式である。

解答例

問1　(a)普通株式増加数　(b)期首　(c)発行時　(d)期中平均株価

問2　期中平均株価がワラントの行使価格を上回る場合に，当該ワラントがすべて行使されたと仮定することにより算定した「潜在株式調整後1株当たり当期純利益」が「1株当たり当期純利益」を下回ること。

問3　(1)自己株式方式

(2)無調整方式と利益調整方式がある。無調整方式とは，期末株価が行使価格を上回る場合にワラントが行使されたと仮定し，行使による入金額の使途は考慮しない方式である。一方，利益調整方式とは，期中平均株価が行使価格を上回る場合にワラントが行使されたと仮定し，行使による入金額は，たとえば，国債への投資や負債の返済に用いたと仮定する方式である。

解　説

問2　転換証券の希薄化効果についても同様に確認しておくこと（1株当たり当期純利益会計基準27項）。

問3　「潜在株式調整後1株当たり当期純利益」の算定目的（1株当たり当期純利益会計基準3項）に照らせば，期末時点のみの株式数や時価を考慮することが適切ではなく，また行使による入金額の使途は一概に決められないため自己株式を買受けたと仮定することの合理性を理由に自己株式方式が採用されている（1株当たり当期純利益会計基準56項）。

1株当たり当期純利益会計基準　5　株式合併・株式分割に伴う表示

次の文章を読んで，下記の設問に答えなさい。

当期に株式併合又は株式分割（ [a] のみ変化する場合であり，同一種類の株式が交付される [b] 等，株式分割と同様の効果を有する事象の他， [c] より低い払込金額にて株主への割当てが行われた場合に含まれる株式分割相当部分を含む。以下同じ。）が行われた場合，1株当たり当期純利益の算定上，普通株式の期中平均株式数は，表示する財務諸表のうち，(ア)最も [d] 期間の [e] に当該株式併合又は株式分割が行われたと仮定する。また，(イ)当期の貸借対照表日後に株式併合又は株式分割が行われた場合も，同様に仮定して計算する（1株当たり当期純利益会計基準30-2項）。

問1　本文中の □ の中に適当な用語を入れなさい。

問2　下線部(ア)について，これ以外に考えられる処理を簡潔に説明しなさい。

問3　下線部(ア)について，現行の会計制度が株式併合又は株式分割の影響をこのように処理する理由について説明しなさい。

問4　下線部(イ)について，開示後発事象に該当するにもかかわらず，例外的にこのような処理が行われる理由について説明しなさい。

ヒント

問2・問3　選択肢は，株式併合や株式分割の発生期以降に反映させるか，財務諸表の表示期間すべてに反映させるかである。影響範囲をどのように考えるかで，いずれの方法を選択するのが合理的か考える。

問4　国際会計基準でも同様の対応がとられているが，国際会計基準に合わせたというのでは解答になっていない。具体的な理由をあげる必要がある。

解答例

問1　(a)発行済普通株式　(b)株式無償割当て　(c)時価　(d)古い　(e)期首

問2　株式併合や株式分割が行われた時点以降の期間にその影響を反映させる方法。

問3　株式併合や株式分割は，期末に行われたとしても既存株主に対して一律に影響を及ぼす。このため，株式併合や株式分割が行われた時点以降の期間にその影響を反映させるだけでは十分ではない。

問4　株式併合や株式分割が行われた場合，株価はその影響を即座に受ける。このため，これに合わせて1株当たり当期純利益の算定にあたってもその影響を反映させておかなければ，株価収益率（株価÷1株当たり当期純利益）が適切に算定されなくなる。したがって，後発事象であっても，表示する財務諸表の期首時点で株式併合や株式分割が行われたと仮定して1株当たり当期純利益を算定する。

解　説

問2・問3　株式併合や株式分割の影響を「1株当たり当期純利益」（同様に「潜在株式調整後1株当たり当期純利益」）に反映させる期間は，①株式併合や株式分割の行われた時点以降の期間，または②表示する財務諸表の最も古い期間，が考えられる。しかし，「1株当たり当期純利益」を算定するときの分母は，普通株式の期中平均株式数（「潜在株式調整後1株当たり当期純利益」の場合はさらに普通株式増加数を加算）であるので，影響を①の期間で反映させると適切な算定結果が得られないことになる。このような理由から②の方法が採用されている（1株当たり当期純利益会計基準30-3項）。

問4　後発事象に対する例外的な扱いは，平成22年改正で新たに加わったものである。いつの時点までに行われた株式併合や株式分割を反映させるかについては，いまのところ明確な規定は設けられていない（「1株当たり当期純利益会計基準59-3項後段）。

1株当たり当期純利益会計基準　6　会計方針の変更・過去の誤謬の修正

次の文章を読んで，下記の設問に答えなさい。

(ア)会計上の変更が　(a)　された場合や，過去の(イ)誤謬の訂正によって　(b)　が行われた場合には，「1株当たり当期純利益」および「潜在株式調整後1株当たり当期純利益」も(ウ)影響を受けることになる。ただし，過去の期間の財務諸表に注記された「潜在株式調整後1株当たり当期純利益」は，その後の期間の転換証券の普通株式への　(c)　又は普通株式の　(d)　などにより，潜在株式に係る権利の行使の際に仮定した事項が変化した場合であっても，遡及的な修正は行わない。

問1　本文中の　　　の中に適当な用語を入れなさい。

問2　下線部(ア)について，「会計上の変更」とは何を意味するのか説明しなさい。

問3　下線部(イ)について，「誤謬」とは何を意味するのか説明しなさい。

問4　下線部(ウ)について，どのように対応するか。①会計上の変更，②過去の誤謬の訂正の場合について，それぞれ説明しなさい。

ヒント

問2・問3　会計上の変更と誤謬は類似しているが内容は異なる。変更は2種類考えられることに注意する。誤謬は誤りであるが，その原因についても言及すること。

問4　会計上の変更のうち，「1株当たり当期純利益」に影響を与えるのは，会計方針を変更する場合であることに注意する。①②いずれの場合も影響額の注記も必要となる。

―――――――――< 解答例 >―――――――――

問1 (a)遡及適用 (b)修正再表示 (c)転換 (d)株価の変動

問2 会計上の変更とは，会計処理の原則および手続きの変更，表示方法の変更，ならびに会計上の見積の変更をいう。

問3 誤謬とは，原因となる行為が意図的であるか否かにかかわらず，財務諸表作成時に入手可能な情報を使用しなかった，または誤用したために生じた誤りのことをいう。

問4 ①会計上の変更のうち，会計方針の変更を行った場合については，会計方針の遡及適用後の金額をもとに，表示期間における「1株当たり当期純利益」および「潜在株式調整後1株当たり当期純利益」を再計算し，表示期間のうちの過去の期間に対しては遡及適用による影響額を注記する。

　②過去の誤謬の訂正による修正再表示を行った場合には，修正再表示後の金額をもとに，表示期間における「1株当たり当期純利益」および「潜在株式調整後1株当たり当期純利益」を再計算し，表示期間のうちの過去の期間に対しては修正再表示による影響額を注記する。

―――――――――< 解　説 >―――――――――

問2・問3　会計上の変更及び誤謬の訂正に関する会計基準4項(1), (4)および(8)を参照。

問4　1株当たり当期純利益会計基準では，遡及適用・修正再表示にかかわる規定は30－4項と30－5項のみであるが，会計上の変更及び誤謬の訂正に関する会計基準も併せて確認しなければならない。表示期間（当期の財務諸表およびこれに併せて過去の財務諸表が表示されている場合の表示期間）はともに遡及適用後（誤謬の場合は修正表示後）の金額で再計算するが，注記が必要なのは過去の期間についてのみである。

1株当たり当期純利益会計基準　7　計算問題

　下記の資料に基づいてX2年12月期（X2年1月1日からX2年12月31日まで）における①「1株当たり当期純利益」と②「潜在株式調整後1株当たり当期純利益」を計算しなさい。なお，計算に当たっては，小数点以下は第3位を四捨五入して第2位までとする。

〈資料〉
1．当期純利益　182,000円（普通株主に帰属しない金額はない。）
2．普通株式：
　・期首発行済株式数　7,000株（期首）
　・時価発行増資　2,000株（X2年10月1日）
　・自己株式数100株（期中増減なし）
　・期中平均株価　650円
3．ストック・オプション：
　・権利行使価格　377円
　・すべて行使されたと仮定した場合の普通株式の発行数　100株
　・期中増減なし（当期に権利行使は行われていない。）
4．転換社債
　・額面額　150,000円（平価発行による。）
　・転換価格　300円
　・クーポン利率　4％
　・すべて行使されたと仮定した場合の普通株式の発行数　500株
　・期中増減なし（当期に権利行使は行われていない。）
5．決算日時点における法定実効税率は40％であり，今後税率改正が行われる旨の公表はない。

――――――――――< 解答例 >――――――――――

① 1株当たり当期純利益　24.58円
② 潜在株式調整後1株当たり当期純利益　23.36円

――――――――――< 解　説 >――――――――――

① 10月1日に増資があったので，普通株式についての発行済株式数の期中平均は，7,504.11株（＝7,000株×273日/365日＋(7,000株＋2,000株)×92日/365日）である。ここから自己株式数100株を減算した7,404.11株が期中平均普通株式数である。当期純利益のうち，普通株主に帰属しない金額はないので，「1株当たり当期純利益」は24.58円（＝182,000円÷7,404.11株）となる。

② ストック・オプションが権利行使された場合の払込額は37,700円（＝100株×377円）である。この払込額は，かりに時価発行増資であれば58株（＝37,700円÷650円）で調達できる。したがって，希薄化効果を持つ普通株式増加数は42株（＝100株－58株）である。

　転換社債が権利行使された場合の普通株式増加数は500株（＝150,000円÷300円）である。権利行使された場合には，社債利息6,000円（＝150,000円×4％）の支払は不要となるため，6,000円分利益が増加し，これに実効税率を掛けた2,400円（＝6,000円×40％）分の税金が増加することになる。したがって，転換社債にかかわる当期純利益調整額は3,600円（＝6,000円－2,400円）となる。

　よって，潜在株式調整後1株当たり当期純利益＝（普通株式に係る当期純利益＋当期純利益調整額）÷（普通株式の期中平均株式数＋普通株式増加数）＝（182,000円＋3,600円）÷（7,404.11株＋ストック・オプション分42株＋転換社債分500株）＝23.36円となる。

編著者紹介

田代 樹彦（たしろ たつひこ）
（1　概念フレームワーク，7　自己株式等会計基準，10　純資産会計基準，11　株主資本等変動計算書会計基準担当）

名城大学経営学部教授

『スタンダードテキスト財務会計論〈Ⅱ応用論点編〉[第6版]』（中央経済社，2012年，分担執筆），『ＩＦＲＳ導入のコスト分析』（中央経済社，2011年，分担執筆），『資本会計の課題――純資産の部の導入と会計処理をめぐって』（中央経済社，2008年，分担執筆），『新会計基準を学ぶ　第1巻，第3巻（わしづかみシリーズ）』（税務経理協会，2008年，共著）

執筆者紹介（執筆順）

渡辺 竜介（わたなべ りゅうすけ）
（2　企業会計原則，8　役員賞与会計基準担当）

関東学院大学経済学部准教授

『財務諸表論の要点整理：公認会計士試験科目別短答式対策』（中央経済社，2010年，共著），『スタンダードテキスト　財務会計論〈Ⅲ問題演習編〉』（中央経済社，2009年，分担執筆）など

中山 重穂（なかやま しげほ）
（3　棚卸資産会計基準，5　繰延資産実務対応報告，6　研究開発費等会計基準担当）

愛知学院大学商学部准教授

『会計学』（慶應義塾大学出版会，2007年，分担執筆），『財務会計の世界』（税務経理協会，2005年，分担執筆）など

石井 康彦（いしい やすひこ）
（4　金融商品会計基準，9　税効果会計基準，12　1株当たり当期純利益会計基準担当）

高千穂大学商学部教授

『ステークホルダーの経営学』（中央経済社，2009年，共著），『会計制度改革への挑戦』（税務経理協会，2005年，共訳）など

監修者との契約により検印省略

平成24年7月1日 初版発行

問題で理解する 会計基準ベーシック・マスター
基礎基準編

監 修 者	会 計 基 準 研 究 会
編 著 者	田 代 樹 彦
発 行 者	大 坪 嘉 春
製 版 所	株式会社 東 美
印 刷 所	税経印刷株式会社
製 本 所	株式会社 三森製本所

発 行 所　東京都新宿区下落合2丁目5番13号　株式会社 税務経理協会
郵便番号　161-0033　振替00190-2-187408　電話(03)3953-3301(編集部)
FAX(03)3565-3391　　(03)3953-3325(営業部)
URL http://www.zeikei.co.jp/
乱丁・落丁の場合はお取替えいたします。

© 会計基準研究会 2012　　　　　　　　　　Printed in Japan

本書を無断で複写複製(コピー)することは、著作権法上の例外を除き、禁じられています。本書をコピーされる場合は、事前に日本複製権センター(JRRC)の許諾を受けてください。
JRRC〈http://www.jrrc.or.jp　eメール：info@jrrc.or.jp　電話：03-3401-2382〉

ISBN978-4-419-05801-2　C3033